重塑制造业城市产业竞争新优势

Rebuilding the Industrial Competitive Advantages of Manufacturing Cities

申红艳 著

中国财经出版传媒集团

图书在版编目（CIP）数据

重塑制造业城市产业竞争新优势/申红艳著. --北京：经济科学出版社，2022.6

ISBN 978 -7 -5218 -3697 -4

Ⅰ.①重… Ⅱ.①申… Ⅲ.①制造工业 - 工业发展 - 研究 - 中国 Ⅳ.①F426.4

中国版本图书馆 CIP 数据核字（2022）第 091956 号

责任编辑：陈赫男
责任校对：蒋子明
责任印制：范 艳

重塑制造业城市产业竞争新优势

申红艳 著

经济科学出版社出版、发行 新华书店经销

社址：北京市海淀区阜成路甲 28 号 邮编：100142

总编部电话：010 - 88191217 发行部电话：010 - 88191522

网址：www.esp.com.cn

电子邮箱：esp@esp.com.cn

天猫网店：经济科学出版社旗舰店

网址：http://jjkxcbs.tmall.com

北京密兴印刷有限公司印装

710×1000 16 开 13 印张 220000 字

2022 年 6 月第 1 版 2022 年 6 月第 1 次印刷

ISBN 978 -7 -5218 -3697 -4 定价：52.00 元

（图书出现印装问题，本社负责调换。电话：010 -88191510）

前言

PREFACE

当今世界正经历百年未有之大变局，外部环境更加复杂，不稳定性、不确定性明显增强，产业链全球布局加快调整，新一轮科技革命和产业变革深入发展，创新成为影响全球经济增长的关键因素，世界经济形势发生深刻变化。我国作为全球第二大经济体，已由高速增长阶段转向高质量发展阶段，正处在转变发展方式、优化经济结构、转换增长动力的攻关期。内外部环境的变化要求我们重新审视区域发展战略，加快建设现代化经济体系，加快构建以国内大循环为主体、国内国际双循环相互促进的新发展格局。《中华人民共和国国民经济和社会发展第十四个五年规划和2035年远景目标纲要》中提出“深入实施制造强国战略”，“坚持自主可控、安全高效，推进产业基础高级化、产业链现代化，保持制造业比重基本稳定，增强制造业竞争优势，推动制造业高质量发展。”“推进老工业基地制造业竞争优势重构。”

产业衰退地区是我国经济发展中新出现的问题区域。衰退型制造业城市作为我国产业衰退地区的主要类型之一，面临传统支柱产业下行、产品市场萎缩、城市经济增长放缓甚至停滞以及社会矛盾日益突出等问题，急需实现经济转型发展。但是，尽管目前学术界关于产业衰退地区的相关研究成果已经非常丰富，但针对衰退型制造业城市应如何实现产业重构的研究相对较少，尤其是如何选择接替产业重新激发城市发展活力仍然是衰退型制造业城市实现经济转型发展的重点和难点。

本书在深入分析衰退型制造业城市内涵和特征的基础上，利用“分步筛选”和“指标+权重”相结合的方法，从经济发展活力、创新驱动力和社会稳定力三个方面构建了综合指标体系，对我国衰退型制造业城市进行识别，并进一步分析了我国衰退型制造业城市的演变历程和产业衰退机理。然后，采用二维象限法将我国衰退型制造业城市分为转型提高类、衰退发展类、衰退滞后类和发展滞后类，并针对每类城市的特点提出差别化的产业重构模式和路径。继而以产品空间理论为指导，明晰了衰退型制造业城市接替产业选择的思路与原则，并以结果导向思维构建了衰退型制造业城市接替产业选择的具体方法，进而以沈阳市为例对我国衰退型制造业城市接替产业选择进行了实证研究。最后，在总结国外典型衰退型制造业城市产业重构经验的基础上，提出了推进制造业城市产业竞争力重构的对策建议。

研究发现：(1) 我国衰退型制造业城市主要分布在东北地区、华北地区和西北地区（甘肃、宁夏）。(2) 我国衰退型制造业城市的制造业衰退是内生性、外生性和体制机制性因素交互作用的结果。路径依赖产生的“区域锁定”效应致使我国衰退型制造业城市产业结构调整缓慢，城市原有的资源、技术、人才等比较优势不断弱化导致地区竞争力下降，制度锁定导致产业结构调整和创新受阻，国内外市场需求变化导致很多传统行业产能过剩和外部推动力不足，城市的主导产业多处于产业衰退期，接替产业发展不足，致使主导产业转换更替的路径受阻，使整个城市经济陷入困境。(3) 按照产业重构路径是否依赖于城市原有的产业基础，衰退型制造业城市的产业重构可以分为适应型产业重构、突破型产业重构和集成型产业重构三种模式。适应型产业重构主要适合处于衰退初期的制造业城市，实现路径主要包括衰退产业创新、产业延伸、产业融合、产业分叉等；突破型产业重构适合已进入严重衰退状态的制造业城市或创新资源丰富的衰退型制造业城市，实现路径主要包括衰退产业退出、产业创造和产业移植；集成型产业重构集合了适应型产业重构和突破型产业重构两种模式的优点，既依赖于现有产业基础和比较优势发展接续产业，又通过技术创新、产业移植等方式培育地区新的经济增长点，适合大多数衰退型制造业城市。(4) 从产业重构潜力角度可以将我国衰退型制造业城市分为转型提高类、衰退发展类、衰退滞后类和发展滞后类4种类型。我国46个衰退型制造业城市大多属于衰退滞后类，共有25个，转型提高类城市仅有10个，衰退发展类城市有6个，发展滞后类城市有5个。不同类型城市的经济衰退程度和创新能力不同，其产业重构的模式及路径也不同。转型提高类城市和衰退滞后类城市可以选择集成型产业重构模式，衰退发展类城市可以选择突破型产业重构模式，发展滞后类城市可以选择适应型产业重构模式。只有根据自身发展状态，因地制宜，选择合适的产业重构模式和路径，衰退型制造业城市才能顺利扭转衰退趋势，实现地区经济的转型发展。(5) 从产品空间理论视角来看，衰退型制造业城市接替产业的选择应遵循产业演进方向，注意规避地区产业断档风险，重视实现地区经济的可持续发展。在接替产业选择过程中应遵循三个原则：接替产业应在一定技术距离范围内；接替产业的技术含量必须高于原有产业；接替产业必须具有高演进潜力。按照产品空间理论，衰退型制造业城市接替产业的选择首先要构建全国产业空间图，在此基础上识别地区在位比较优势产业，确定邻近度阈值，遴选出具有高技术复杂度和高演进潜力的潜在比较优势产业，从而确定接续产业与替代产业。(6) 要发挥产业、财税、金融、对口协作等各种政策工具组合的协同效用，为衰退型制造业城市振兴发展创造更加有利的政策环境。对衰退产业来说：一是通过制定地区产业发展战略，对衰退产业实行分类指导；二是制定衰退产业技术扶持政策，推动衰退产业的调整和升级；三是完善财政与金融政策，为衰退产业调整提供资金保障；四是建立健全产业退出援助机制，促进严重衰退的产业有序退出。对接替产业来说：一是充分发挥政府的引导和协调作用，培育和引进接替产业；二是完善区域创新体系，提升本地产业创新与创造能力；三是加大对接替产业的资金投入，拓宽接替产业的融资渠道。

本书的创新点主要体现在三个方面：一是采用“分步筛选”和“指标 + 权重”相结合的方法，从经济发展活力、创新驱动力和社会稳定力三个方面构建衰退型制造业城市的识别指标体系；二是从产业重构潜力的角度将我国衰退型制造业城市分为转型提高类、衰退发展类、衰退滞后类和发展滞后类，并针对每类城市的特点分别提出了适合该类城市的产业重构模式和路径；三是以产品空间理论为指导，采用结果导向的思维方式，基于产业间的技术距离提出了衰退型制造业城市接替产业选择的具体方法。

目录 CONTENTS

绪 论

1.1 研究背景

1.1.1 产业衰退地区成为我国经济发展过程中新的问题区域

产业衰退地区是我国地区经济发展中新分化出来的一种特殊类型地区。近年来，随着欧美经济复苏与我国出口商品结构不断优化调整，我国出口贸易骤降，部分以出口为主的地区或城市受此影响经济发展迟缓。同时，由于我国经济布局与生产要素分布不匹配，我国区域经济发展面临日益严重的区域失衡问题（Shen et al.，2018），区域间以及城市间的经济增长开始出现分化，部分地区的一些城市出现了产业衰退甚至经济衰退现象。2018 年，全国 31 个省份中有 22 个省份的国内生产总值（GDP）增速相较于 2017 年出现了下滑。就东北三省来说，2016 年其总 GDP 为 5.24 万亿元，不升反降。尽管 2017 年东北三省总 GDP 增至 5.54 万亿元，但是其占全国的比重已由 1990 年的 11.7% 下降至 6.7%，对全国 GDP 占比连续五年下降。[①] 2018 年，白银市规模以上工业企业利润总额同比下降 7.4%，仅为 8.19 亿元，年末规模以上工业企业资产负债率为 66.8%，严重影响了白银市的经济增长。[②] 产业衰退地区已成为我国经济发展中新的问题区域，是我国区域

① 2017 ~ 2019 年《中国统计年鉴》。
② 《2019 年甘肃发展年鉴》。

发展不平衡的重要表现之一，严重制约了我国经济实现协调可持续发展。2015 年 10 月，党的十八届五中全会通过了《中共中央关于制定国民经济和社会发展第十三个五年规划的建议》，要求“加大对资源枯竭、产业衰退、生态严重退化等困难地区的支持力度”。2016 年 2 月，《中共中央 国务院关于全面振兴东北地区等老工业基地的若干意见》要求“研究制定支持产业衰退地区振兴发展的政策措施”。由此可以看出，党中央、国务院已开始高度重视产业衰退地区的振兴与发展。

1.1.2 衰退型制造业城市是我国产业衰退地区的主要类型

产业衰退地区的形成主要是由于地区支柱产业衰退而引发区域经济增长速度放缓，从而导致一系列社会、环境、生态等问题的爆发。我国产业衰退地区的产业结构一般表现为三次产业结构中工业居于主导地位，工业总产值占本地区工业总产值的比重高于全国平均水平，产业深加工度低，大多以重化工业为主导产业。由于市场萎缩，作为传统支柱产业的重化工业下行并通过产业链传导至其他行业，从而导致整个城市经济增长放缓甚至停滞，城市人口出现外流，社会矛盾日益突出，一些地区与城市甚至开始进入了事实上的城市收缩与衰退阶段。从主导产业类型来看，产业衰退地区可以分为资源型产业衰退地区、制造型产业衰退地区、服务型产业衰退地区（黄征学等，2018），其中，衰退型制造业城市已成为我国产业衰退地区的主要类型。

1.1.3 产业重构是衰退型制造业城市面临的普遍问题

产业衰退地区的形成是由于地区支柱产业发生衰退而引起的，其波及效应导致与支柱产业前后向联系的产业部门也随之衰退，由此引发了地区产业系统功能的减弱和产业结构转换能力的下降，使整个地区经济陷入衰退困境，因此，重构地区产业体系是振兴产业衰退地区无法回避的重大问题。2016 年 3 月，“十三五”规划纲要提出，要“加强政策支持，促进资源枯竭、产业衰退、生态严重退化等困难地区发展接替产业”。作为产业衰退地区的主要类型区，衰退型制造业城市形成的主要原因是地区制造业衰退，这也是衰退型制造业城市的重要特征。衰退型制造业城市的产品多处于价值链中低端，产业发展效益不高，创新能力弱，对地区经济发展的带动力不足。同时，由于受结构惯性的制约，大多数衰退型制造业城市的经济发展过度依赖传统制造行业，易陷入“路径依赖”锁定，使得传统产业难以实现转型升级，而新产业的培育无法及时接续，导致地区经济增长动力匮乏，地区发展出现停滞甚至衰退。因此，如何通过衰退产业调整和接替产业培育促进地区产业体系的重构，重新激发地区发展的活力，成为这类地区急需解决的重点难点。

1.1.4 我国大而不强的制造业急需转型升级

制造业是我国立国之本。我国制造业增加值在2006年超过日本，2009年超过美国，制造业产值实现全球第一。[①] 近年来，我国制造业增加值占工业增加值的比重稳定在80%左右，占GDP的比重稳定在32%左右，为我国经济高速发展做出了巨大贡献。尽管我国制造业规模巨大，但是主要出口制造业产品位于价值链下游，资源消耗较高但科技含量不高，整体呈现大而不强的局面。从制造业贡献的利润结构来看，2017年，中国制造业仍然以重工业和轻工业为主，科技含量水平较高的设备制造领域占比仅为26%。目前，随着我国经济发展进入新常态，经济增速开始放缓，维持中国经济“高速增长”的动力逐渐减弱，全国经济发展开始全面转入“换挡减速”阶段，中国持续了40余年的增长模式正在走向终结，我国制造业发展面临着稳增长和调结构的双重困境。同时，随着东南亚等国家逐渐在制造成本方面取得低廉优势，部分中、低端制造业开始向印度、东盟等新兴经济体转移，对我国制造业形成了一定冲击，使得我国制造业低成本优势快速递减，又由于新的竞争优势尚未形成，我国制造业发展面临着严峻的国际竞争形势。加上德国、美国等发达国家都推出了关于第四次工业革命的设想，高端制造业向发达国家回流现象加剧，使我国面临发达国家和新兴经济体的双重挤压，我国制造业亟待转型升级，应通过产业重构加快推进我国由制造业大国向制造业强国迈进。

---

① 2006~2011年《世界经济年鉴》。

1.1.5 产品空间理论为衰退型制造业城市产业重构提供新的理论视角

发展经济学家认为促进经济发展的核心在于经济结构顺利实现转型。从世界各国城市的发展经验来看，城市产业重构是激发衰退地区经济增长的重要途径。虽然经济学、地理学等学科针对产业重构进行了大量研究，但由于影响城市产业演化的要素众多，且随着研究区域、发展阶段、产业类别等变化而变化，关于地区产业重构的研究始终面临着新的问题和新的挑战。产业重构研究，尤其是问题城市层面的产业重构研究始终是学术界关注的热点问题之一。此外，多年来针对地区发展转型应遵循路径依赖还是实现路径突破的争论一直不断，衰退地区应通过何种途径实现产业重构成为新的研究热点。近年来，随着产品空间概念的提出，国内外众多学者开始利用产品空间理论探讨地区经济转型发展等问题。产品空间理论是动态比较优势理论的最新发展，从比较优势演化的视角重新审视了地区生产能力对地区转型发展路径的影响，认为地区产业体系演化的过程就是地区优势产品或优势产业在产品空间结构图中的扩散过程。因此，可以基于地区现有的产品空间结构或产业空间结构探寻地区产业重构的方向和路径，探索地区接替产业选择的方法，促进地区经济发展顺利转型。衰退型制造业城市作为新兴的问题区域，在产业重构方面尤其是接替产业如何选择方面缺乏具体有效的理论指导，这就增加了衰退型制造业城市转型发展所面临的困难。产品空间理论不同于传统理论，不再从复杂的生产要素角度分析一个地区应如何实现转型发展，而是将产品看作一个地区综合生产能力的反映，以结果导向的思维方式，从产品间的技术关联角度探讨地区产业体系演化的具体路径，为衰退型制造业城市实现产业重构提供了新的理论视角，并为衰退型制造业城市接替产业选择提供了更加细致且更具可操作性的方法指导。

1.2 研究目的与研究意义

1.2.1 研究目的

随着世界各发达国家再工业化战略的陆续实施，制造业再次成为全球经济竞争的焦点。中国要由世界大国迈向世界强国，就必须做强做优实体经济。制造业是实体经济的主体，是我国实现高质量发展、提升综合国力的基础。制造业衰退导致城市整体经济的发展迟滞甚至衰退，将会严重影响我国经济发展进程，加重我国区域发展不平衡的矛盾。

鉴于此，本书研究的主要目的在于：

第一，通过构建相关指标体系精准识别出进入21世纪以来我国的衰退型制造业城市，探讨其产业衰退原因与机理，为国家精准施策衰退型制造业城市提供理论支撑。产业衰退地区是我国经济发展进程中出现的新的问题区域，产业衰退地区的振兴发展已引起国家的高度重视。但是，产业衰退地区形成的原因复杂，类型众多，每种类型区域下所涵盖的城市尚未明晰，对国家如何进行精准施策支持造成了困扰。本书通过采用“分步筛选”和“指标+权重”相结合的方法精准识别出我国的衰退型制造业城市，分析其产业衰退原因与机理，为国家更有针对性地支持衰退型制造业城市的发展提供理论支撑。

第二，通过分析我国衰退型制造业城市产业重构模式与路径，提出接替产业选择的具体方法，为衰退型制造业城市产业重构提供参考借鉴。衰退型制造业城市要遏制产业衰退趋势，促进城市经济增长，就必须调整衰退产业，培育和发展新产业，促进地区产业重构，重新激发地区增长活力。但是，由于衰退型制造业城市产业重构的路径和机制复杂，导致如何选择产业重构模式和路径成为衰退型制造业城市面临的重大难题。本书通过“二维象限法”从地区产业重构潜力的角度对我国衰退型制造业城市进行分类，分析每类城市产业重构的模式与路径，并引入产品空间理论构建衰退型制造业城市接替产业选择的具体方法，为衰退型制造业城市实现产业重构提供理论指导和方法借鉴。

1.2.2 研究意义

衰退型制造业城市是产业衰退地区的主要类型之一，识别我国衰退型制造业城市并探讨其产业重构模式与路径具有重要意义。

1. 有利于打造我国区域发展的新经济增长点

党的十九大报告指出："我国社会主要矛盾已经转化为人民日益增长的美好生活需要和不平衡不充分的发展之间的矛盾。"区域发展不平衡已成为我国社会主要矛盾的重要表现之一。衰退型制造业城市作为我国区域经济发展的洼地，是我国区域发展不平衡的主要表现之一。促进衰退型制造业城市振兴发展，提高其创新能力，增强其经济发展动力，有利于贯彻落实新的发展理念，使广大人民共享国家发展成果，筑牢我国经济社会发展基础。衰退型制造业城市是产业衰退地区的主要类型之一，实现衰退型制造业城市的转型发展，有利于全面系统地解决区域发展不平衡问题，打造新的经济增长点，这不仅对于全面建设社会主义现代化国家具有十分重大的现实意义，而且对我国实现"两个一百年"奋斗目标具有更深远的历史意义。此外，本书通过识别我国衰退型制造业城市，分析其产业衰退机理，探讨其产业重构模式与路径，有利于遏制城市经济的衰退趋势，促进这些地区实现可持续发展，从而实现区域协调均衡发展。

2. 有利于促进我国制造业转型升级

以制造业为核心的实体产业是国家经济发展的基石，被各国政府视为关乎国家经济增长、创造就业和保证人民生活质量的重要产业之一。然而，随着第四次工业革命的到来，颠覆性技术创新席卷各个产业，全球经济格局正面临重新洗牌。2012 年，德国联邦政府提出了"工业 4.0"，随后，美国与日本也分别提出了"第三次工业革命"和"工业复兴计划"，促进制造业回流。欧美国家的"再工业化"进程严重削弱了我国制造业的国际竞争力，导致竞争环境恶化，制造业转型升级迫在眉睫。同时，由于我国制造业大多处于产业链的低端，尚未实现高质量发展。尤其是 2012 年以来，我国制造成本大幅度上涨，导致我国制造业开始大踏步衰退，制造业转型升级难度加大。本书以产品空间理论为指导为我国衰退型制造业城市接替产业选择提供了新的思路与方法，指明了我国衰退型制造业城市产业重构的具体路径，以期为我国制造业转型升级发展提供借鉴，促进我国由制造业大国向制造业强国迈进。

3. 为研究其他类型的产业衰退地区经济转型发展提供新的视角与方法

现有研究多以定性分析对产业衰退地区的转型方向和路径进行战略方向上的指导，对不同类型的产业衰退地区具体应该如何遴选产业重构模式与路径缺乏实际的可操作性的指导，使得产业衰退地区的转型发展无法得到根本上的解决。衰退型制造业城市作为产业衰退地区的主要类型之一，具有自身的特征，在产业转型发展方面存在严重的问题，急需通过产业重构重新激发地区经济增长活力。本书在对我国衰退型制造业城市分类的基础上，提出不同类型城市产业重构的模式与路径，并将产品空间理论引入衰退型制造业城市接替产业选择研究当中，以国民经济4位数行业为分类基础，基于产业之间的技术关联，以定量研究方法探索衰退型制造业城市产业重构中的接替产业选择方法，不仅为衰退型制造业城市实现地区经济转型发展提供了新的理论视角与方法参考，也可为其他类型的产业衰退地区实现地区经济发展提供参考和借鉴。

1.3 研究内容与拟解决的关键问题

1.3.1 主要研究内容

本书的主要研究内容包括：

1. 我国衰退型制造业城市的识别

本书在分析衰退型制造业城市内涵和主要特征的基础上，采用“分步筛选”和“指标+权重”相结合的方法，筛选出制造业规模和效益发生衰退的制造业城市，并在此基础上构建了涵盖经济发展活力、创新驱动力和社会稳定力的指标体系，继而采用2001~2016年数据对我国4个直辖市和332个地级行政单元进行测算，识别出进入21世纪以来我国的衰退型制造业城市并分析其空间分布特征。此外，还对2001~2005年、2006~2010年、

2011～2015年三个“五年规划”期间我国衰退型制造业城市的演变历程进行了比较分析。

2. 我国衰退型制造业城市的产业衰退机理

本书通过剖析衰退型制造业城市在产业发展中存在的主要问题，在演化经济地理学理论的基础上，吸收生命周期理论、比较优势理论、产业竞争理论等理论的观点，构建了“路径依赖—比较优势弱化—制度锁定—国内外市场环境需求变化—主导产业衰退”“五位一体”的分析框架，分析了衰退型制造业城市的产业衰退机理。

3. 衰退型制造业城市产业重构模式与路径

本书按照产业重构路径是否依赖于城市原有的产业基础将衰退型制造业城市产业重构模式分为适应型产业重构、突破型产业重构和集成型产业重构三种类型。在此基础上，通过分析不同模式的特征和实现路径，指出了不同模式适用的地区类型，并从产业重构潜力的角度对我国衰退型制造业城市进行分类，提出不同类型城市产业重构的模式与路径。

4. 产品空间理论视角下衰退型制造业城市接替产业的选择

本书在分析衰退型制造业城市产业重构目标的基础上，基于产品空间理论视角提出我国衰退型制造业城市接替产业选择的思路、原则与具体方法。然后以沈阳市为例对衰退型制造业城市接替产业选择进行了实证研究。通过分析沈阳市制造业发展现状及存在的问题，以沈阳市2013年工业企业数据为基础，遴选出沈阳市制造业转型升级的接续产业和替代产业，并通过对沈阳市接续产业和替代产业发展现状的评价，进一步提出沈阳市接替产业未来发展的建议。

5. 我国衰退型制造业城市产业重构的对策建议

本书针对我国衰退型制造业城市产业重构存在的问题，在分析衰退型制造业城市产业衰退机理与产业重构模式与路径的基础上，借鉴日本北九州、英国曼彻斯特、美国匹兹堡和底特律等国外典型衰退型制造业城市产业重构的经验，提出推进我国衰退型制造业城市产业重构的对策与建议。

1.3.2 拟解决的关键问题

本书拟解决的关键问题包括两个：

一是如何确定衰退型制造业城市的识别标准。衰退型制造业城市是我国经济发展过程中形成的新的问题区域，含义深广，涉及经济、社会、环境、生态等各个方面，但是针对该类型区的相关研究却非常少。如何确定合适的指标精准地筛选出我国的衰退型制造业城市是本书拟解决的关键问题之一。

二是如何从产品空间理论的视角遴选出衰退型制造业城市的接替产业。接替产业的选择是影响衰退型制造业城市能否顺利实现产业重构的关键所在。衰退型制造业城市产业重构既面临着遏制城市经济衰退的短期任务，又担负着促进地区经济可持续发展的长期愿景，因此在接替产业选择过程中，既要保障地区产业发展的持续性与稳定性，又要增强地区产业结构的多样性与可持续发展能力。如何以产品空间理论为指导，从众多产业中遴选出适合衰退型制造业城市发展的接替产业尤为重要。

1.4 研究方法

本书以演化经济地理学理论为指导，结合产业生命周期理论和比较优势理论的相关研究成果，在识别我国衰退型制造业城市的基础上，分析其产业衰退的机理，提出我国衰退型制造业城市产业重构的目标、模式与路径。在此基础上，以产品空间理论为指导构建了我国衰退型制造业城市接替产业选择的具体方法，并以沈阳市为例对衰退型制造业城市如何遴选接替产业进行了实证研究。最后，借鉴国外典型衰退型制造业城市产业重构的经验，提出推进我国衰退型制造业城市产业重构的对策与建议。总的来说，本书采用的研究方法包括以下几点。

1.4.1 定性分析与定量分析相结合

一方面，本书采用定性分析的方法分析衰退型制造业城市的内涵、我国衰退型制造业城市产业衰退机理以及衰退型制造业城市产业重构模式与路径等；另一方面，本书结合 ArcGIS、Cytoscape、Stata 等绘图及数据处理工具分析处理数据，构建衰退型制造业城市识别指标体系和衰退型制造业城市接替产业选择方法，采用定量分析的方法筛选出我国的衰退型制造业城市并遴选出衰退城市的接替产业。定性分析与定量分析相辅相成，为实现研究目标提供有力支撑。

1.4.2 静态分析与动态分析相结合

本书在演化经济地理学的基础上，结合动态比较优势理论，对2001～2005年、2006～2010年、2011～2015年三个“五年规划”期间我国衰退型制造业城市的演变历程进行了动态比较分析；同时，对衰退城市产业重构的模式与路径以及接替产业选择的思路、原则与方法等进行了静态的深入分析，为研究提供了更加全面的视角。

1.4.3 归纳法与案例分析法相结合

一方面，本书采用归纳法对我国衰退型制造业城市产业发展面临的问题以及国外典型衰退城市的产业重构经验进行归纳总结；另一方面，在研究我国衰退型制造业城市接替产业选择时，采用案例分析法对典型衰退型制造业城市进行深入研究，以提出更有针对性的对策建议。

1.4.4 文献分析与专家访谈相结合

通过文献收集和阅读，全面收集相关文献资料，跟踪学术前沿，借鉴国内外先进研究思路，通过比较分析，寻求本书研究的突破点和创新点，建立本书的研究框架；同时，通过专家访谈法完善研究思路，优化指标选取过程，加深对问题的理解，提出更切实可行的对策建议。

1.5 技术路线

本书遵循“界定内涵—识别城市—分析产业衰退机理—提出产业重构模式与路径—构建接替产业选择方法—案例分析—政策建议”的研究思路，对衰退型制造业城市这类新的问题区域进行了研究。本书首先深入分析了衰退型制造业城市的内涵与特征，并据此采用“分步筛选”和“指标＋权重”相结合的方法对我国衰退型制造业城市进行了识别。在识别过程中，本书在筛选出制造业规模和效益发生衰退的制造型城市的基础上，从经济发展活力、创新驱动力和社会稳定力三个方面构建综合指标体系，采用2001~2016年数据，识别出我国的衰退型制造业城市，并对我国衰退型制造业城市的演变历程进行了比较分析。然后，本书分析了我国衰退型制造业城市产业衰退的原因与机理，并在对我国衰退型制造业城市进行分类的基础上提出了我国衰退型制造业城市产业重构的模式与路径，继而以产品空间理论为指导，明晰了衰退型制造业城市接替产业选择的思路与原则，构建了衰退型制造业城市接替产业选择的具体方法，进而以沈阳市为例对我国衰退型制造业城市接替产业选择进行了实证研究。最后，在总结国外典型衰退型制造业城市产业重构经验的基础上提出了推进我国衰退型制造业城市产业重构的对策建议。

本书的技术路线如图1-1所示。

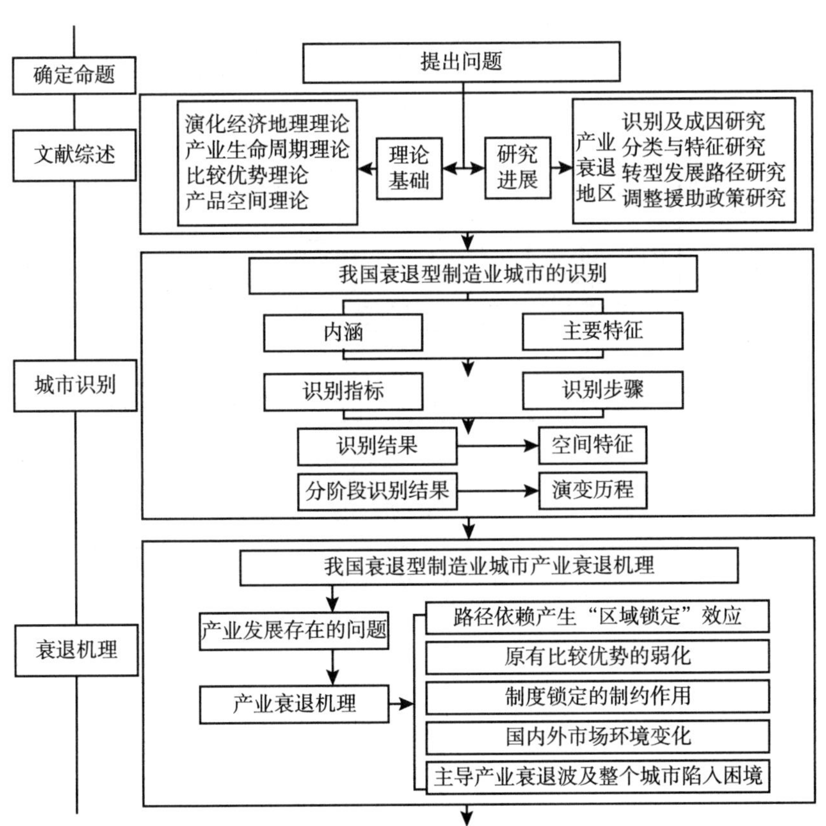

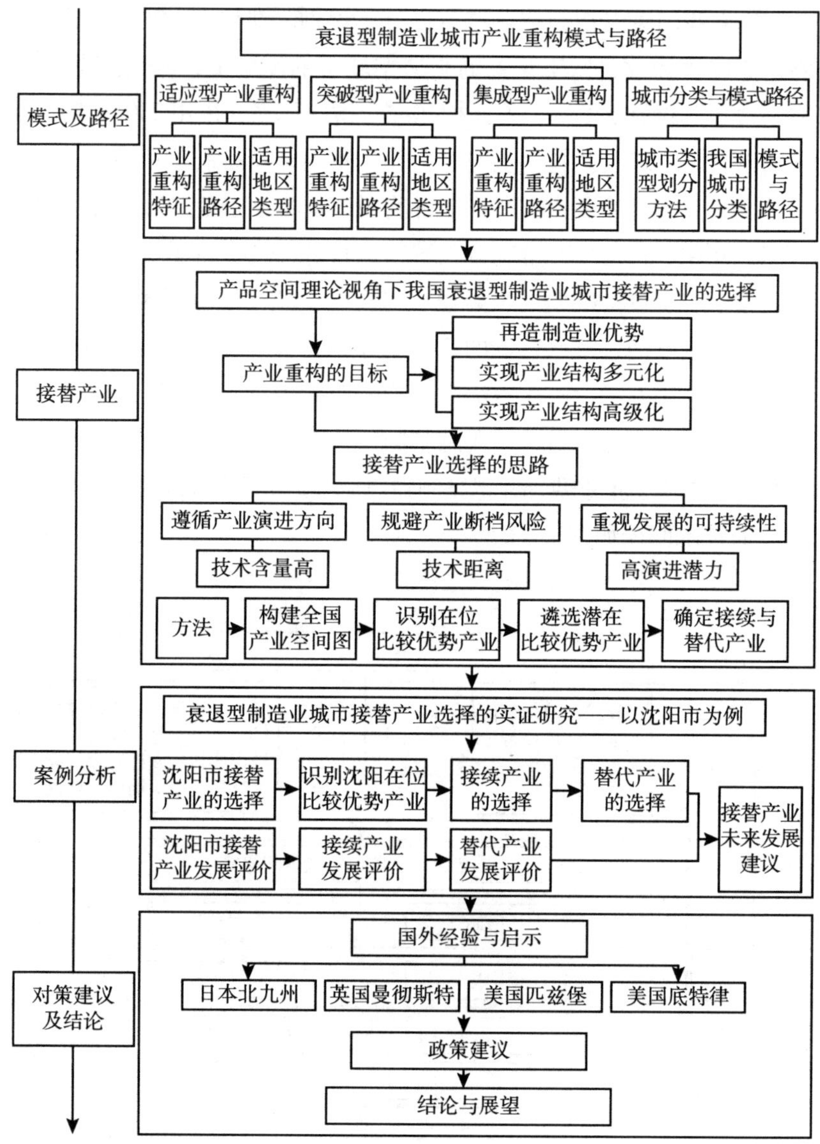
模式及路径
接替产业
案例分析
对策建议及结论
衰退型制造业城市产业重构模式与路径
适应型产业重构
突破型产业重构
集成型产业重构
城市分类与模式路径
产业重构特征
产业重构路径
适用地区类型
产业重构特征
产业重构路径
适用地区类型
产业重构特征
产业重构路径
适用地区类型
城市类型划分方法
我国城市分类
模式与路径
产品空间理论视角下我国衰退型制造业城市接替产业的选择
产业重构的目标
再造制造业优势
实现产业结构多元化
实现产业结构高级化
接替产业选择的思路
遵循产业演进方向
规避产业断档风险
重视发展的可持续性
技术含量高
技术距离
高演进潜力
方法
构建全国产业空间图
识别在位比较优势产业
遴选潜在比较优势产业
确定接续与替代产业
衰退型制造业城市接替产业选择的实证研究——以沈阳市为例
沈阳市接替产业的选择
识别沈阳在位比较优势产业
接续产业的选择
替代产业的选择
接替产业未来发展建议
沈阳市接替产业发展评价
接续产业发展评价
替代产业发展评价
国外经验与启示
日本北九州
英国曼彻斯特
美国匹兹堡
美国底特律
政策建议
结论与展望

图1-1　技术路线

理论基础与研究进展

2.1 基本概念

2.1.1 制造业

根据我国《国民经济行业分类》（GB/T 4754—2011），制造业是指将制造资源经物理或化学变化后转化为新产品的行业。本书采用《国民经济行业分类》（GB/T 4754—2011）对制造业概念的界定，并在后续研究中基于数据基础分别采用《国民经济行业分类》（GB/T 4754—2011）和《国民经济行业分类》（GB/T 4754—2002）对制造业的分类标准对相关数据进行筛选和处理。

其中，《国民经济行业分类》（GB/T 4754—2002）将制造业分为13－43（38除外）共30个大类（见表2－1）；而《国民经济行业分类》（GB/T 4754—2011）将制造业分为13－43共31个大类（见表2－2）。

表2－1　　中国制造业30大类代码及名称（GB/T 4754—2002）

代码	名称	代码	名称
13	农副食品加工业	16	烟草制品业
14	食品制造业	17	纺织业
15	饮料制造业	18	纺织服装、鞋、帽制造业

续表

代码	名称	代码	名称
19	皮革、毛皮、羽毛（绒）及其制品	31	非金属矿物制品业
20	木材加工及木、竹、藤、棕、草制品业	32	黑色金属冶炼及压延加工业
21	家具制造业	33	有色金属冶炼及压延加工业
22	造纸及纸制品业	34	金属制品业
23	印刷业和记录媒介的复制	35	通用设备制造业
24	文教体育用品制造业	36	专用设备制造业
25	石油加工、炼焦及核燃料加工业	37	交通运输设备制造业
26	化学原料及化学制品制造业	39	电气机械及器材制造业
27	医药制造业	40	通信设备、计算机及其他电子设备制造业
28	化学纤维制造业	41	仪器仪表及文化、办公用机械制造业
29	橡胶制品业	42	工艺品及其他制造业
30	塑料制品业	43	废弃资源和废旧材料回收加工业

资料来源：《国民经济行业分类》（GB/T 4754—2002）。

表 2－2　　中国制造业 31 大类代码及名称（GB/T 4754—2011）

代码	名称	代码	名称
13	农副食品加工业	29	橡胶和塑料制品业
14	食品制造业	30	非金属矿物制品业
15	酒、饮料和精制茶制造业	31	黑色金属冶炼和压延加工业
16	烟草制品业	32	有色金属冶炼和压延加工业
17	纺织业	33	金属制品业
18	纺织服装、服饰业	34	通用设备制造业
19	皮革、毛皮、羽毛及其制品和制鞋业	35	专用设备制造业
20	木材加工和木、竹、藤、棕、草制品业	36	汽车制造业
21	家具制造业	37	铁路、船舶、航空航天和其他运输设备制造业
22	造纸及纸制品业	38	电气机械及器材制造业
23	印刷和记录媒介复制业	39	计算机、通信和其他电子设备制造业
24	文教、工美、体育和娱乐用品制造业	40	仪器仪表制造业
25	石油加工、炼焦及核燃料加工业	41	其他制造业
26	化学原料及化学制品制造业	42	废弃资源综合利用业
27	医药制造业	43	金属制品、机械和设备修理业
28	化学纤维制造业		

资料来源：《国民经济行业分类》（GB/T 4754—2011）。

2.1.2　衰退产业

产业兴衰交替是产业发展的自然规律，也是产业演进过程中普遍存在的经济现象。产业衰退指产业从兴盛走向衰落的过程，是产业在产业生命周期中必经的一个阶段。学术界对衰退产业的关注与研究由来已久，但是迄今为止尚未对衰退产业的定义与内涵做出统一的界定。

从国外相关研究来看，多数研究者仅从产业产值下降、就业人数减少等方面对衰退产业进行了描述，但并未对衰退产业给予明确的定义，即使在国际权威的经济学辞典《新帕尔格雷夫经济学大辞典》中，也仅仅对衰退产业形成的原因进行了简单的定性描述。施鲁德（Schreuder et al.，1991）对衰退产业给出了量化的定义，认为如果某产业的产业增加值指数在三年内降低20%就可以被认为是衰退产业。亚伯恩斯和内斯（Burns and Ness，1981）则认为衰退产业是指在某一区域内，随着产业年龄的增长，产业增长百分率不断下降的产业。著名管理学家波特（Porter，2003）则指出，衰退产业是指产品销售量在持续一段时间内出现绝对下降的产业。维杰·塞斯（Vijay K. Seth，2014）则认为地区产业衰退过程是去工业化过程，既表现为制造业行业收入降低、就业人数减少，又表现为传统制造业向现代制造业转型的不畅。

毛林根（1996）认为某些增长出现有规模的减速和老化的产业部门可以被认定为衰退产业。陆国庆（2001）认为衰退产业的划分标准是产业增长率的变化，在经济运行正常的情况下，如果某个产业部门的产品销售增长率在较长一段时期内呈现不断下降的趋势或其产品销售增长出现有规则的减速，那么该产业部门则属于衰退产业。任红波等（2001）则从市场的角度定义了衰退产业，认为在正常情况下，如果某地区的某一产业或产品市场容量在较长时期内不断下降或停滞，则该产业为衰退产业。周新生（2003）指出衰退产业最明显的标志是增加值逐年减少和产品销售量常年降低，他认为产业衰退过程实际上是生产要素的退出过程，是对产业自身的否定并孕育新产业和新产品的过程。林善波（2003）则进一步从衰退产业的成因上定义了衰退产业，认为衰退产业的形成是该产业在技术和成本等方面逐渐失去竞争力而导致的，衰退产业的产业规模逐渐失去扩张力并逐步萎缩，产业收益逐步减少，产业在产业结构中的作用和影响力也日趋下降。陈刚（2004）、史忠良等（2004）则从产业生命周期理论出发定义了衰退产业，认为在正常情况下，如果某一地区内处于生命周期衰退期的产业在一定时期内在国民经济中的地位不断下降，则该产业即可被认定为衰退产业。陈一君（2006）认为衰退产业是一种普遍存在的产业形态，其主要表现是市场需求增速减缓甚至停滞，产业收益率低于该地区所有产业的平均收益率且该产业收益率仍旧不断下降。曾荣平（2008）则认为，在正常的经济发展环境下，如果某个产业增加值的增长率比国内生产总值的增长率低，且该产业的产品销售增长率在较长一段时期内也持续呈现下降或停滞的趋势，则该产业可以被认定为衰退产业。黄建康（2010）认为衰退产业包括两类：一类是自然衰退产业，主要包括采掘工业，这类产业随着资源的不断减少和日益枯竭，终将会走向衰退；另一类是非自然衰退产业，主要包括一些生产技术落后和机器设备陈旧的传统产业。黄征学等（2018）则从产业衰退原因的角度将衰退产业分为绝对衰退产业和相对衰退产业两种，其中，绝对衰退产业是指某个产业部门在产业演化的内在规律驱动下导致该产业的物质实体发生缩减，而相对衰退产业是指地区某个产业在地位和功能上发生衰退，其物质实体并未发生缩减，其中，相对衰退产业的形成是由结构性原因等引起的。

综上所述，学术界对衰退产业的理解主要有两种：一是从产业生命周期来看，衰退产业是指处于产业生命周期中衰退期的产业部门；二是从产出来看，衰退产业是指产值或产品销售量下降从而导致产业在国民经济中地位下降的产业。但是，无论哪种理解，都强调衰退产业是在一定地域范围内较长时间存在的一种现象。因此，本书认为，衰退产业是指在一定地域范围内，由于技术、资源等要素投入减少或市场需求降低等原因而在较长一段时间内出现产业规模萎缩、产量产值下降或增长缓慢、在区域经济中的地位不断下降的产业部门。

2.1.3 产业衰退地区

产业衰退地区是国家在“十三五”规划纲要中提出的特殊类型地区（滕飞，2017）。目前，学术界对其尚没有严格的概念界定，多是根据传统工业区的发展历史和现状特征进行简单的现象描述。

在国外，产业衰退地区常被称为“萧条地区”（depressed regions）、“衰退地区”（declining areas）或者萧条的“老工业区”（old industrial areas），因此国外相关研究对产业衰退地区的定义多集中于对工业衰退地区定义与内涵的探讨。目前，尽管相关研究成果很多，但少有学者针对产业衰退地区（工业衰退地区）的概念做出明确定义。吉莱斯皮等（Gillespie et al.，1988）认为工业衰退地区是指地区整体就业率及制造业就业率均出现下降或停滞的地区。图罗克（Turok，1992）认为产业衰退地区的衰退表现在多个方面，如财产贬值或一般的发展活动减少。芭洛薇等（Broadway et al.，1998）同意图罗克的观点，但认为除此之外，产业衰退地区还表现为内城失业率和贫困率的上升等社会问题突出。欧盟（1991）认为一个地区被称为工业衰退地区必须满足两个条件：一是该地区必须是工业区（即不包括农业区或其他产业类型区）；二是该地区要达到某些衰退的标准。其中，工业包括采掘业、制造业和建筑业；而某个产业部门是否发生衰退则是由地区失业率和行业职位流失率（job loss）来衡量。卡罗尔·海姆（Carol E. Heim，1997）在研究中沿用了欧盟对工业衰退地区的定义，但是认为由于受经济周期及移民的影响，失业率高并不能说明地区工业衰退，因此认为应该用工业从业人数的减少来衡量一个地区是否是工业衰退地区。郎（Lang，2005）认为城市衰退是城市发展过程中出现的不良变化，如失业率上升、社会排斥现象加重、城市空间收缩、生活条件恶化等。杰斯帕·比克曼等（Jasper Beekmans et al.，2016）认为工业衰退地区为萎缩的工业区域或经济上萧条的工业区域。

在我国，早期与产业衰退地区相关的研究基本都归类于老工业基地和资源型城市研究的范畴。近年来，随着国家老工业基地振兴战略和资源型城市可持续发展相关政策不断深入实施，老工业基地和资源型城市发展分化日趋明显，产业衰退地区（工业衰退区）作为一种特殊的区域发展类型开始受到越来越多的关注，众多学者从不同视角界定了产业衰退地区（城市）的内涵。杨叙（1988）认为“城市衰退”包括现象上的衰退和社会功能上的衰退。现象上的衰退是城市实体上的衰退，主要是指组成城市活动的某些基本要素，如人口、就业等，在数量上不断减少；而社会功能上的衰退主要是指城市在社会生产等社会功能方面发生了一系列不良变化，阻碍了该城市社会功能的有效发挥，从而导致该城市在地位上发生衰退。吴相利（2000）

从更全面的视角阐释了衰退城市的概念及特征，认为城市衰退是指城市在发展过程中出现经济、社会、文化等方面的停滞或倒退或者城市地位的降低等。刘通（2007）认为产业衰退城市是指关键主导产业或几项主导产业在较长一段时期内发生衰退的城市。李潇等（2014）认为衰退城市主要的外在现象是人口变化，包括持续低出生率、人口外迁、数量减少和结构老龄化。滕飞（2017）从产业衰退地区出现原因角度界定了产业衰退地区的概念，认为地区的主导产业在较长一段时期内发生衰退而引起该地区出现了一系列突出的经济与社会问题，从而导致了产业衰退地区的形成。黄征学等（2018）则认为产业衰退是导致产业衰退地区形成的必要条件，但并不是导致产业衰退地区形成的充分条件，只有某一地区的产业衰退引起该地区经济也同时发生衰退，并且导致出现了严重的社会问题，该地区才可以称为产业衰退地区。

从以上分析可以看出，尽管不同学者对产业衰退地区内涵的理解各有侧重，但都突出了以下两点：一是地区经济中的支柱产业发生衰退；二是产业衰退导致城市和社会问题突出。因此，结合国内外学者的观点，本书认为，在社会经济正常运行的情况下，如果某一地区在较长一段时期内由于地区支柱产业发生衰退导致地区经济发展缓慢或停滞、社会民生问题突出，则该地区可被称为产业衰退地区。

2.1.4 衰退型制造业城市

衰退城市是指发展陷入困境，在经济、社会等各个方面无法实现良好发展或发展状态远低于预期的城市（Bradbury，1982），其特征多为失业人口不断增加、工厂大量倒闭（Friedrichs，1993）。刘通（2007）在其博士论文《产业衰退城市形成及反衰退机制研究》中将产业衰退城市分为资源型衰退城市和制造型衰退城市。黄征学等（2018）将产业衰退地区按照地区主导产业类型分为资源型产业衰退地区、制造型产业衰退地区和服务型产业衰退地区。但是目前学术界尚未对衰退型制造业城市形成明确的内涵界定。

衰退型制造业城市是产业衰退地区的一种，因此，根据产业衰退地区的概念，本书认为曾以制造业为支柱产业的城市在较长一段时期内，由于制造业衰退导致城市经济发展迟滞、社会问题突出的城市为衰退型制造业城市。

2.1.5 产业重构

目前，学术界尚未对产业重构形成统一的概念界定。在《人文地理学词典》中“重构”（restructuring）被定义为“由经济发展的动力或经济的存在条件引起的经济各个构成部分间和/或各部分内部的变化。”现有文献对这个概念的探讨较为缺乏，多是从产业重构案例中不断提炼出一些共识。部分学者从演化经济地理的角度将“重构”概念化为区域或产业为摆脱路径依赖或锁定所做出的一系列响应（Boschma et al.，1999；Hassink et al.，2005；Martin et al.，2006；Martin，2010）。顾朝林等（2001）认为产业重构不是简单的某些产业部门在产业结构中的比例发生变化，而是地区主导产业部门实现更迭引起产业结构上的飞跃式变动。乔晓华（2009）则认为产业重构是产业结构调整和优化的重要目标之一，是产业结构发生质的变化，因此产业重构不仅表现为第一、第二、第三产业在产业结构中的比重消长，还表现为对生产能力过剩产业的调整和三大产业内部关系的协调。马丁等（2011）认为产业重构是区域产业结构演化的一个新阶段，意味着区域开始步入新的生命周期循环。徐剑光（2014）在前人研究的基础上从产业区的角度定义了产业重构，认为产业重构是区域摆脱内部路径依赖及内外部锁定的一系列响应，是地区实现复兴的过程，产业重构的前提是区域发展陷入了困境或出现了衰退迹象。

总的来看，目前学术界对产业重构的理解分为两类：一是认为产业重构是区域摆脱负锁定的“响应集合”；二是从生命周期视角将产业重构界定为地区产业结构步入新的生命周期循环的开始。本书认为，产业重构是地区产业发展出现衰退或陷入困境后，通过促进地区资源要素在产业间的流动与重组，推动各产业在产业结构中的比重发生变化，从而实现地区主导产业更替、完成新的产业体系构建的过程。产业重构不仅包括一二三产业比例的调整，更包括三产内产业的优化和更替。产业重构的前提是地区产业发展出现衰退，重点是通过选择合适的接替产业实现主导产业更替和新产业体系的构建。因此，要实现产业重构，不仅要促进衰退产业的退出和调整，更要注重新产业的引进与培育。

2.2 理论基础

2.2.1 演化经济地理理论

演化经济地理学通过借鉴演化经济学的思想，以动态和演化的视角从时间及空间两个维度来分析地区经济景观的演化规律和空间分布规律。1982年，尼尔森和温特（Nelson and Winter）共同撰写了《经济变化的演化理论》一书，被认为是演化经济地理学的最早起源。但是，直到1999年，布施曼（Boschma）教授和兰博（Lamboy）教授在《演化经济学杂志》上共同发表了《演化经济学与经济地理》一文，才真正标志着演化经济地理学的诞生（刘志高，2005）。

演化经济地理学继承了演化经济学中尼尔森和温特的观点，认为演化的核心对象是企业的惯常组织程序。企业的惯常组织程序是企业在不确定的情况下开展生产和进行决策的主要依据，企业惯常组织程序的时空演化过程是形成区域经济发展不均衡的主要原因。

演化经济地理学理论主要建立在四个基本假设的基础上（贺灿飞，2018）：一是反对完全理性人假设，支持“有限理性”学说，认为主体遵循自身的习惯、经验、准则等进行决策，即“过程理性”；二是关注动态性，并认为主体的行为过程不可逆转；三是认为由于存在不确定性和变异性，社会经济的演化结果并非最优化；四是认为创新是自我转型的终极原因。

演化经济地理学的理论来源主要有以下三个。

1. 广义达尔文主义

演化经济学理论大多来源于演化生物学。该理论中的多样化、选择和遗传等概念来源于广义达尔文主义的相关理论，是理解社会经济演化的基础（贺灿飞，2018）。这些概念被广泛地用来解释地区经济景观的演化过程，探讨某一产业在某些地区形成、发展和衰退的原因，研究某一地区如何作为经济的“选择”环境来发挥作用，探究各种机制如何导致某一区域被特定的模式锁定，讨论某一地区的经济关系和经济集聚模式如何随时间发生演变等。

2. 复杂性理论

复杂性理论最早起源于系统动力学的研究。马丁等（2007）认为可以利用复杂性理论的相关概念（如自组织、出现、适应性等）来解释地区经济景观的产生、兴盛、衰退和退出等演变历程和原因，因此将复杂性理论引入演化经济地理学中。从复杂性理论的角度来看，经济地理是一个复杂的系统，该系统不断演化并进行自适应，而且系统的各个组成部分之间关系是非线性的，非常复杂（黄利秀，2014）。系统具有不确定性，同时具有适应各种变化的潜在能力。系统演化的动力从根本上来说来源于系统的内部，其通过微观主体之间发生相互作用来形成中观和宏观上的复杂性现象（安虎森等，2014）。从复杂性理论来看，区域经济作为复杂系统不是封闭的、静态的、线性的以及均衡的，而是开放的、动态的、非线性的和远离均衡的，经济主体在网络联系中存在多重关系互动。

3. 路径依赖

路径依赖是指经济系统一旦进入某一路径，就会受惯性力量的制约不断自我强化，从而使该系统被锁定在这一特定路径上（Arthur，1989；David，1985）。路径依赖是从历史的维度来解释地区经济增长的演化过程，引入路径依赖理论的演化经济地理学重视果然性、自我强化以及锁定在经济系统演化中的作用，认为地区经济的演变受已有的发展路径制约，即使在地区经济系统中出现新的发展路径也是由现有路径发展而来的，换句话说，地区经济的发展是一个内生过程。演化经济学中路径依赖理论主要用来解释和研究技术锁定、动态报酬递增和制度迟滞三个方面（王周杨等，2013）。马丁（2006）认为区域路径依赖是一个开放的持续适应和变化的过程。区域内新路径的出现依赖于区域原有的经济结构、技术结构、知识以及能力，区域环境为经济发展和竞争提供条件。由于知识的生产、扩散和使用具有很强的根植性特征，技术与制度的路径依赖性共同作用，最终导致区域不平衡发展的出现。

布施曼等（2006）将演化经济地理学的研究内容分为3层4类，其中3层指微观层、中观层和宏观层，4类指企业、产业、网络（关系）和空间系统（见图2-1）。

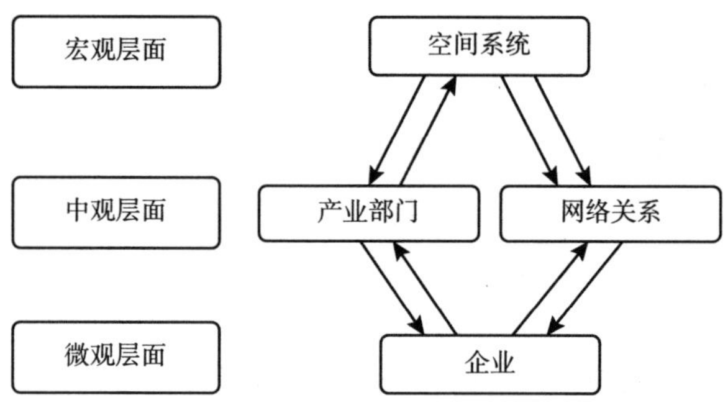

图2-1　演化经济地理学研究内容

演化经济地理学在微观层面的分析对象是企业，在时间维度上，演化经济地理学遵循演化经济学的惯例，将企业惯常组织程序作为演化经济地理学的研究起点；在空间维度上，演化经济地理学关注企业的区位选择行为。在中观层面上，演化经济地理学的分析主要针对产业和网络两个方面。在产业分析层面，演化经济地理学关注的主要是产业随时间不断集聚或扩散的过程；在网络分析层面，演化经济地理学认为网络是知识溢出的载体，知识是通过社会网络来扩散的，虽然地理邻近度高的区域之间网络关系密度更高，但是跨区域也存在网络关系。同时，演化经济地理学将社会网络分析应用于产业聚集中的网络分析，认为网络的空间演化是动态的，网络随着新节点的加入而不断演化（安虎森等，2014）。在宏观层面上，演化经济地理学的研究重点是空间系统的演化过程，认为空间系统中的产业部门会随时间的变化而不同，从而导致所处的网络关系也发生相应的变化，最终导致地区经济结构逐步演化。演化经济地理学认为，在空间系统的演化过程中，一个地区只有通过生产新产品、发展新产业才能得到快速发展，而如果地区被现有的成熟产业锁定则会逐渐走向衰落（安虎森等，2014）。

演化经济地理学是演化思想在经济地理学中的应用，在经济地理学中引入演化经济学理论可以更好地解释区域发展不均衡的问题。演化经济地理学利用演化经济学的核心概念来解释区域经济发展不均衡现象，强调历史过程对该现象形成与演化的影响（Boschma et al.，1999）。演化经济地理学认为，地区经济的演化基础是历史，演化动力是新奇或创新，演化轨道是惯例，最终的演化方向是多样化（黄利秀，2014）。因此，为了更加深入全面地考察地区发展和衰退的历程，促进地区产业重构和经济增长，从演化的视角考察地区经济景观的演变历程是非常必要的。

2.2.2　产业生命周期理论

生命周期理论最早可追溯到1939年约瑟夫（Joseph）等提出的“景气循环”理论，该理论引入了产业从创新到消亡的周期概念。到20世纪60年代，埃弗雷特（Everett）等进一步提出了“创新扩散理论”，指出新产品从推出市场到失败会经历一个类似生命周期的过程。1957年，波兹（Booz）在其《新产品管理》一书中最早提出了产品生命周期的概念。1966年，美国哈佛大学著名经济学教授雷蒙德·弗农（Raymond Vernon）在其《产品周期中的国际投资与国际贸易》中正式提出了产品生命周期理论。产品生命周期是指一种产品从发明到推广、应用、普及和衰败的完整历史过程，是一种产品从发明到进入市场再到退出市场的整个生命历程，通常被分为导入期、成长期、成熟期和衰退期四个阶段。

产业生命周期理论是在产品生命周期理论的基础上扩展而来的。20世纪70年代，美国哈佛大学的威廉·艾伯纳西（William J. Abernathy）和麻省理工学院的詹姆斯·厄特巴克（James M. Utterback）共同提出了产业创新动态过程模型，即A－U模型，根据产出的增长率将产品生命周期分为流动阶段、过渡阶段和稳定阶段，并认为产业成长的不同阶段决定了企业的创新类型和创新频率。1982年，戈特和克莱伯（Gort and Klepper）进一步发展了A－U模型，提出了G－K模型，并将产业生命周期分五个阶段，分别是引入期、大量进入期、稳定期、大量退出期以及产业成熟期。到了20世纪90年代，克莱伯和格雷迪（Klepper and Graddy）对G－K模型进行了技术内生化的发展，将产业生命周期重新划分为三个阶段：成长期、淘汰期和稳定期（王影，2011）。1990年，约翰·罗纳根（John Londregan）在前人研究的基础上构建了产业在不同生命周期阶段的理论模型，并将产业生命周期划分为初创期、成长期、成熟期和衰退期四个阶段。约翰·罗纳根对产业生命周期理论模型的修订标志着产业生命周期理论的成熟与正式诞生。

综合现有研究来看，产业生命周期是指产业从出现到完全退出社会经济活动所经历的所有阶段，一般可分为萌芽期、成长期、成熟期和衰退期四个阶段。现有研究中判断产业所处生命周期阶段的指标主要有三类：以企业数量作为指标、以产业投入产出为指标以及以创新活动程度和创新主体为指标。其中，对比国内外相关研究发现，国外学者多采用第一类指标，而我国学者则更多地采用第二类指标，第三类指标则用于描述性研究较多。

产业在不同的生命周期阶段具有不同的特征。处于初创期的产业，其产品市场需求量较小，销售量较低，产业内大多数企业尚处于亏损状态，技术壁垒尚未形成，企业进入较易；处于成长期的产业，市场需求量显著提高，大量投资开始进入该产业，企业进入壁垒提高，产品特点开始显现并由单一化向多样化发展，质量开始提高，对比其他可替代产品的优势比较明显。处于成熟期的产业，其增加值增速减缓，产业扩张速度降低，产品需求量趋于平稳，产业生产技术基本成熟，企业进入壁垒已经完全形成，企业盈利能力开始下降。处于衰退期的产业，产品的比较优势逐渐丧失，市场需求量明显萎缩，产品销售量逐渐降低，产业投资逐步减少，产业内企业数量明显减少，利润大幅萎缩。

从产业生命周期理论来看，产业衰退是产业发展的自然规律，也是产业演化的必经阶段。但是，由于产业衰退会对地方经济产生严重的影响，必须警惕产业衰退的发生并及时做出应对。一般来说，对进入衰退初期的产业会加强技术改造，促进产业升级，促使其重新获得比较优势；对已经发生严重衰退的产业会逐步淘汰落后产能，促进衰退产业的有序退出。

2.2.3 比较优势理论

18 世纪，亚当·斯密（Adam Smith）在《国富论》一书中提出了绝对优势理论，指出每个国家都应该专业化生产本国劳动生产率高的商品以通过商品交换获利。19 世纪，大卫·李嘉图（David Ricardo）在其《政治经济学及赋税原理》一书中提出了比较优势理论，对亚当·斯密的绝对优势理论进行了补充。比较优势理论是在亚当·斯密绝对成本理论基础上基于相对劳动生产率视角提出来的。比较优势理论认为，如果一国两种商品的劳动生产率都低于另一国，则该国应该专业生产这两种商品中劳动生产率相对较高的商品，也就是具有比较优势的商品，这样通过商品交换可以使两个国家的生产总量都增加，两个国家的资源也都会实现优化配置，两国都将会通过专业化生产获得利益。李嘉图的比较优势理论揭示了相对利益原则，为比较优势理论的发展奠定了基础。随后，瑞典经济学家赫克歇尔（Heckscher）及其学生俄林（Ohlin）在20世纪30年代基于此提出了要素禀赋理论，又称为H－O理论，指出要素的相对稀缺性差异是导致比较成本差异的原因（王雯亚，2008）。该理论认为，不同国家拥有的生产要素禀赋多少不同，因此各国生产要素的价格也不尽相同，从而导致同一产品在不同国家生产的成本有所差异，而成本差异最终导致了国际贸易的产生。通常来说每个国家都会生产生产要素在本国比较丰富的产品，进口所需生产要素在本国比较稀缺的产品。

要素禀赋理论使得比较优势理论从最初的外生理论发展为内生理论，但是，李嘉图的比较优势理论和要素禀赋理论都认为世界是静态均衡的，利用该理论对比较优势进行的也都是静态分析。此后，比较优势理论逐渐引入了技术和人力资本等一些非传统要素，促使比较优势理论逐步实现了多元化的发展。20世纪60年代，部分学者提出了动态比较优势理论，主要包括三个方面：基于要素结构变动的动态比较优势理论、基于技术进步的动态比较优势理论以及其他角度的动态比较优势理论（刘俊丽，2018）。基于要素结构变动的比较优势理论主要有两种：一种是国家要素丰裕程度的动态变化，主要理论基础是H－O－S要素均等模型、斯托尔帕—萨缪尔森定理以及累不津斯基定理，主要表现是国内经济发展过程中资本积累等要素禀赋的内生变化以及跨国资本的流动；另一种是产品要素密集度的动态变化，其中重要成果之一就是哈佛大学教授弗农在《产品周期中的国际投资与国际贸易》一文中提出的“产品生命周期理论”，该理论从产品要素密集度动态变化的角度探讨了比较优势的动态演化过程。对基于技术进步的动态比较优势理论的研究主要有两类：一是将技术视为外生变量，从技术动态演化的角度研究技术进步对贸易模式和一国福利水平的影响，重要成果包括斯文森和克鲁格曼（Svenson and Krugman）的技术差异和技术转移模型以及“雁行理论”（刘俊丽，2018）；二是将技术视为内生变量，认为技术进步是科研投入和经济增长的结果，通过技术进步、专业化学习等方式可以创造出后天比较优势，促进地区发展，该理论的重要成果包括贸易理论、内生增长理论、“干中学”以及“技术外溢”等。除了基于要素结构变动的动态比较优势理论和基于技术进步的动态比较优势理论之外，还有其他角度的动态比较优势理论，如巴拉萨（Balassa）在1977年提出了比较优势阶段论，并指出一个国家的生产要素禀赋不是一成不变的，它会随着本国经济的发展而不断发生变化，从而导致整个国家的比较优势随之变化。

比较优势理论是国际贸易理论的基石，近年来被广泛应用于经济增长及产业转型升级研究之中。阿西莫格鲁等（Acemoglu et al.，2006）认为，技术进步和产业升级是地区要素禀赋结构转换和比较优势动态演化的重要表现，是一个地区实现经济增长的核心。以林毅夫为代表的新结构经济学者认为，一个国家的要素禀赋状况决定了该国家的产业结构和技术结构，而产业结构和技术结构又是促进国家经济发展的内生变量，因此，一个国家只有在每个发展阶段都充分发挥其在要素禀赋方面所具有的比较优势，才能顺利实现其发展目标（林毅夫，1999）。由此可见，衰退型制造业城市要重新激发地区经济增长活力，必须厘清地区现阶段的比较优势所在，通过经验积累、专业化学习以及后天的技术创新等手段创造新的地区比较优势，带动地区经济增长。

2.2.4 产品空间理论

近年来，豪斯曼和克林格（Hausmann and Klinger，2006）以及伊达戈尔等（Hidalgo et al.，2007）基于国际贸易理论和经济增长理论在一系列论文中提出了产品空间理论。产品空间理论又被称为比较优势演化理论，是动态比较优势理论的最新发展。该理论认为，产品是地区知识、技术和能力的载体，综合反映了该地区的要素禀赋状况（贺灿飞等，2016）。产品空间理论运用社会网络理论与方法，将产品中的知识、技术和能力纳入网络结构，从而将产品之间的技术关联以及产品空间结构的动态演进趋势直观地展示出来（伍业君等，2012）。

产品空间图刻画了不同地区的产品生产或出口结构。产品空间图中的每个结点代表一种产品，产品与产品之间的连线代表这两种产品之间的技术关联程度，即生产这两种产品所需要素禀赋的相似程度（张美云，2018）。其中，生产这两种产品所需要素禀赋的相似程度越高，产品之间的技术关联就越强，在产品空间图中产品与产品之间的连线就越短；反之，生产这两种产品所需要素禀赋的相似程度越低，产品之间的技术关联就越弱，在产品空间图中产品与产品之间的连线就越长；如果生产某两种产品所需要素禀赋完全

不同，则这两种产品无技术关联，在产品空间图中即表现为两点之间无连线。因此，可以说产品空间是不均匀的，具有高度异质性。产品空间结构的异质性表现在两个层面：一是从一个地区的产品空间图来看，结点分布和结点之间的距离不同。一般来说，一个地区的产品空间结构通常呈现出中心—边缘模式，即位于产品空间图中间的结点稠密，结点之间的距离较短，而位于外围区的结点稀疏，结点之间的距离较远。二是由于不同地区生产或出口的产品集不同，每个地区的产品空间结构也具有很大差异。产业结构多元化程度高的地区生产或出口的产品种类多，其产品空间结构就会比较稠密，而产业结构单一的地区生产或出口的产品种类相对较少，这类地区的产品空间结构也会相对稀疏。

在产品空间理论中，邻近度（proximity）、路径（path）、产品普遍性（ubiquity）与地区多样化（diversity）是四个核心概念（伍业君等，2012）。邻近度表示的是产品之间的技术关联程度，在产品空间结构中用来衡量产品之间的距离。邻近度越高，产品之间的距离越小，产品空间结构越稠密，反之亦然。路径指的是产品间的可通达程度，表示某一产品与其他产品之间的连通性（connectivity）。某一产品的路径值越大，则与该产品连接的结点越多，产品周围的网络就越稠密。产品普遍性与地区多样化分别用来衡量产品的复杂程度高低和地区生产能力或出口能力的大小。如果一个地区有能力生产的产品种类越多，该地区的多样化程度就越高，其产品空间结构也就越稠密。而对某一种产品来说，能生产该产品的地区数量越多，其产品普遍性就越高。产品空间理论认为，较少的国家有能力生产技术复杂度高的产品，而技术复杂度低的产品则容易被大多数国家所生产。也就是说，技术复杂度高的产品其产品普遍性低，而技术复杂度低的产品其产品普遍性高。

产品空间理论自提出以来引起学者的广泛关注。目前，国内外对产品空间理论的研究主要集中在以下四个方面。

1. 对产品空间理论本身的验证与发展

张其仔（2008）将产品空间理论简称为HK模型。他指出，该模型没有考虑到企业之间的相互影响。为了预测企业的行为需要，对HK模型进行必要的拓展，引入了产业度的概念，用来解释产业升级中的跨越式升级和发展中国家产业投资出现的潮涌现象。程文等（2011）认为H－K模型没有考虑到技术创新可以改变产品间的技术距离，不同企业所具有的跳跃能力不同，且国家补贴可以改变企业跳跃能力，他针对这三个缺陷对该模型做了进一步的改进，并利用改进的模型分析了模块化技术发展对产业结构升级的影响。邓向荣等（2016）认为 HK 模型仍是基于静态比较优势进行的分析，没有考虑到国家可以通过比较优势的动态累积促进产品创新，从而使得产业突破原有的升级路径而进行升级。因此，邓向荣等将生产能力累积影响因素纳入 HK 模型中，提出了含能力累积的扩展 HK 模型，该模型的核心特征在于包含了创新节点与突变路径选择（邓向荣等，2016）。

2. 利用产品空间理论对地区经济增长及转型发展进行探讨

产品空间理论提出后，专家学者分别从国际和国内不同尺度探讨如何利用产品空间理论促进地区经济增长及转型发展。杜米尼克·哈特曼（Dominik Hartmann，2016）利用产品空间理论分析了新产品的出现与收入不均衡变化之间的关系，发现一个国家的生产结构可能会限制其收入不均衡的范围。阿莱西娅·罗·特科（Alessia Lo Turco，2016）通过分析企业产品空间演化历程，探讨了企业在土耳其制造业新产品培育中的作用。而自 2008 年张其仔首次将豪斯曼和克林格等人的产品空间理念引入国内以来（伍业君，2012），张其仔团队发表了一系列论文探讨产品空间理论的内涵及其在地区经济转型发展中的应用，如采用联立方程模型对经济复杂度如何驱动地区经济增长进行了实证研究（王磊等，2012）；运用产品空间理论对中国近期的潜在优势产业进行预测（张其仔等，2013）；运用中国 2002～2007 年 31 个省级区域的面板数据分析中国地区经济复杂度与经济增长之间的关系（伍业君，2013）；在对产业进行重新分类的基础上，对中国地区之间是否已发生“雁阵式”产业升级，以及能否通过“雁阵式”产业升级跨越“中等收入陷阱”进行了探讨（张其仔，2014）。此外，曾世宏（2008，2010）、邓向荣等（2016）、李春艳（2018）等学者也利用产品空间理论对地区经济转型升级进行了研究。其中，金璇（2016）、郭将（2016）、伏玉林（2017）分别从产品空间视角对中国装备制造业及江苏省装备制造业的产业升级方向进行了研究。

3. 利用产品空间理论分析国际贸易问题

国际贸易最重要的理论基础之一即是比较优势理论，而作为比较优势理论的最新发展成果，产品空间理论强调比较优势的动态演化，为分析国际贸易中出现的问题提供了新的视角与方法。马克－安德烈亚斯·穆恩德勒

(Marc - Andreas Muendler, 2014) 从产品空间视角探讨了出口与并购的优势与劣势，并通过实证证明目前对外直接投资已成为更常见的参与国际生产的方式。康妮·百玉丹 - 达库伊 (Connie Bayudan - Dacuycuy, 2017) 分析了东南亚联盟国家的产品空间与出口带动型经济增长之间的关系，认为东南亚联盟国家有望达到亚洲发达国家出口复杂度水平。唐俊 (2015) 利用这一理论分析框架研究发现浙江出口产品对国际市场的显性比较优势呈整体下降的趋势，而在对拉美市场的出口上，浙江产品具有较强的显性比较优势。同时，唐俊 (2015) 还运用产品空间理论分析对新常态下中国与拉美经贸关系进行了分析，发现中拉经贸的显性比较优势趋于衰弱，导致产品空间僵化。刘兆国 (2016) 运用产品空间结构理论分析日本未来制造业出口结构转型与升级的主要方向。贺灿飞等 (2016) 以中国 31 个省区市 2001 ~ 2013 年的产品贸易数据构建了中国对外贸易产品空间图，探讨了中国出口产品的产品空间演化路径。研究结果发现，尽管中国东部、中部、西部和东北地区在 13 年间均经历了比较明显的出口产品结构转型，但是不同区域的转型方向与路径各不相同。此外，贺灿飞等 (2017) 从演化经济地理视角出发，建立了涵盖认知邻近、社会邻近、制度邻近、组织邻近以及地理邻近的多维邻近性研究框架研究了多维邻近性对中国出口产品空间演化的影响。

4. 运用产品空间理论探讨如何跨越“中等收入陷阱”

费利佩等 (Felipe et al., 2012) 从出口多样化等八个方面对处于不同收入阶段的经济体进行了对比，结果发现生产中低复杂度和中低连通性产品的经济体容易陷入“中等收入陷阱”。李月等 (2013) 指出经济体跨越“中等收入陷阱”的能力主要取决于不同产品的结构转换能力以及宏观战略的调节能力。毛海涛 (2016) 基于产品空间的新视角，重新审视了中国当前面临的本地市场效应与供应链优势，探讨跨越“中等收入陷阱”的新路径。

产品空间理论提出十余年来已得到了快速发展，它首次以内生经济增长理论为指导建立了解释国家与地区经济增长的理论框架。产品空间理论强调产品空间的高度异质性与不连续性，为产业政策预留了较大的空间，使其成为指导地区经济转型发展的重要理论。目前，虽然国内外学者运用产品空间理论在国际贸易、地区经济增长及产业升级转型等领域取得了一定的研究成果，但是鲜有学者以产品空间理论为指导从产品之间的技术关联角度遴选地区接替产业，探讨地区产业重构的具体路径。

2.3 国内外研究进展

2.3.1 国外产业衰退地区研究

20 世纪六七十年代，欧美等许多地区出现了“去工业化”现象，导致一批产业衰退地区尤其是工业衰退地区的出现。学者们对此高度重视，并从各个方面对产业衰退地区开展了一系列研究。

1. 产业衰退地区的识别研究

伯恩斯等（Burns et al.，1981）以人口增长率和人均收入增长率为指标构建了经济衰退地区的识别指标体系，并对美国大都市进行了实证研究。瓦布（Wabe，1986）通过构建去工业化指标体系对 1973～1981 年欧洲产业衰退地区进行筛选，发现共有 14 个地区经历了严重的产业衰退问题，其中有 7 个地区位于英国。卡罗尔·E. 海姆（1997）参考欧盟遴选工业衰退地区的指标，以失业率为标准对美国及欧洲 1970～1990 年期间工业衰退城市进行了筛选，并按照衰退程度进行了分类。洛伊等（Louw et al.，2009）以荷兰工业区为例，认为工业区衰退表现在五个方面，即私有财产、物理外观、基础设施及可及性、空间利用不足以及环境问题。

2. 产业衰退地区成因研究

格里派奥斯（Gripaios，1977）探讨了伦敦市产业衰退的原因，认为区位影响、码头减少、企业兼并、城市及区域政策等均为导致伦敦市产业衰退的原因，尤其是政府政策加剧了伦敦的区位劣势影响，导致产业在 20 世纪六七十年代加速衰退。丹尼斯（Dennis，1978）、梅森（Mason，1980）通过对伦敦及大曼彻斯特等产业衰退地区的分析，认为产业衰退地区的主要特征是制造业从业人员减少导致失业人口增加。格拉斯迈尔（Glasmeier，1994）将瑞士手表产业的衰退原因归结于侏罗山谷地区的消息闭塞。帕萨罗（Passaro，1994）通过对意大利重要制革工业区索罗弗拉（Solofra）的研究发现，本地社会资本的减少是工业区衰退的重要原因之一。哈里森（Harrison，1994）认为国外跨国公司是产业衰退地区形成的外部原因。钱纳里等

(Chenery, 1995) 通过第二次世界大战后发展中国家1960～1980的数据发现，经济结构转变会导致衰退产业的产生。若贝洛蒂（Rabellotti，2001）认为全球化的破坏性造成了地区的空心化，从而导致了产业衰退地区的形成。迪盖塔诺等（Digaetano et al.，1999）对伯明翰、谢菲尔德、底特律和密歇根四座衰退型制造业城市的政府管理结构和政策议程进行了对比分析，探讨了城市管理与产业衰退的关系，认为政府管理僵化是导致地区产业衰退的原因之一。阿尔贝提（Alberti，2006）以意大利科莫地区为例，探讨了产业衰退地区尤其是工业衰退地区的影响因素，认为科莫地区的衰退是周期性、外生性、内生性和结构性原因交互作用的结果。维杰（2014）通过分析印度传统制造业的衰退过程发现，印度传统制造业的衰退始于英国东印度公司的领土拓展，印度传统制造业衰退的主要原因在于英国东印度公司利用其政治权利垄断了印度的商品贸易。

3. 产业衰退地区的转型与发展研究

杜瓦（Dewar，1988）认为技术创新有利于减缓制造业衰退进程，在产业衰退初期进行流程创新可以从中获益，而在产业衰退后期进行创新仅能减少损失。巴蒂克（Bartik，1994）、瓦斯默等（Wassmer et al.，2001）认为应该针对衰退地区提供政策激励以吸引企业进入该地区。斯特姆（Sturm，1998）主张通过财税减免、人员培训等措施对衰退产业进行调整和援助。斯里达尔（Sridhar，2001）认为在失业率高的地区创造就业机会是促进产业衰退地区发展最有效的方法。彼得斯等（Peters et al.，2004）认为对衰退地区进行有针对性的项目支持是促进衰退地区产业发展的最好方法。马赫（Mah，2009）通过分析纽约、纽卡斯尔两个工业衰退地区发现，工业衰退地区的地理区位优势和人力资源优势仍旧是该类地区未来进行产业转型升级的资本，因此政府应从吸引人才和保持地理区位优势两个方面为地区实现产业转型升级提供保障。奥迪（Oddy，2011）通过对英国产业衰退现象的分析，认为传统工业的衰退是不可避免的，只有促进经济支柱从传统工业向服务业和高新技术产业转移才是英国经济的唯一出路。埃文斯（Evans，2012）通过研究近年来政府干预与产业转型的关系，指出在产业衰退初期，恰当的政府干预可以使得区域发展保持一定的资源优势、区位优势，从而促进传统产业的转型发展。

4. 对地区衰退产业的实证研究

赞穆托（Zammuto，1985）通过分析20世纪70年代美国汽车产业的衰退指出，产业组织必须深刻理解其所处环境的变化实质，并将其纳入未来产业规划，同时必须制定实施相关战略措施以适应正在发生的产业衰退。罗森布拉特等（Rosenblat et al.，1996）从行政强度、劳动力削减战略、组织政治和组织向下沟通四个方面探讨了以色列电子工业衰退对组织机构的影响。邓福德等（Dunford et al.，2007）从演化的视角对意大利钢铁产业的兴起与衰落进行了分析。赖内克（Reinecke，2010）对智利纺织服装业进行了分析，发现在全球纺织业不景气的背景下，智利纺织服装业自1995年开始出现大幅度衰退，其主要衰退原因是受全球化、零售模式及劳动力结构影响。弗里德曼等（Freedman et al.，2010）对底特律汽车产业的兴衰进行了研究，认为底特律三大巨头公司的兴衰直接影响了底特律汽车产业的发展状态。哈里斯等（Harris et al.，2019）利用1973~2012年工厂全要素生产率数据来分析全要素生产率在英国制造业衰退中的作用，结果发现全要素生产率并不是导致英国制造业衰退的主要原因。

2.3.2 国内产业衰退地区研究

我国对产业衰退地区的研究起步相对较晚。到20世纪90年代，受特殊工业化发展进程的影响，我国老工业基地出现经济滑坡、传统产业大面积衰退、失业率上升和环境恶化等诸多问题，我国学者才开始关注产业衰退地区现象，并形成了大量的研究成果。

1. 产业衰退地区识别与分类研究

金凤君等（2006）通过对东北老工业基地的研究，将城市旧工业区分为综合型、专业型、资源型和交通港口型四种类型城市旧工业区。刘通（2007）在其博士论文《产业衰退城市形成及反衰退机制研究》中将产业衰退城市分为资源型衰退城市和制造型衰退城市。姜四清（2010）从产业结构、经济发展、社会发展和环境质量四个方面构建了评价产业衰退地域的指标体系，并基于综合评分和自组织神经网络的评价和分类方法，把我国中西部老工业基地划分为产业衰退特征明显的、具有较强的产业衰退特征、呈现出一定的产业衰退特征和产业衰退特征不明显的四大类城市，分析了各种类

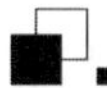

型城市的特征和存在的问题。王成金等（2013）以工业产值和 GDP 比重为指标，利用二维象限法对我国老工业城市的工业地位和城市发展效益进行对比分析，将我国老工业城市分为发展提升型、衰退提升型、衰退滞后型和发展滞后型四类城市。余建辉等（2018）以资源保障能力和可持续发展能力两个指标为基础构建了资源型城市综合分类框架，将资源型城市分为成长型、成熟型、衰退型以及再生型四类城市。黄征学等（2018）从产业角度对产业衰退地区进行了类型划分，指出按照主导产业的数量可以将产业衰退地区分为单一型产业衰退地区和复合型产业衰退地区；按照主导产业类型可以将产业衰退地区分为资源型产业衰退地区、制造型产业衰退地区和服务型产业衰退地区。

2. 产业衰退地区成因研究

王旭（1997）从城市发展生命周期的角度对比了美国中西部工业城市和中国东北部工业城市的发展阶段与特征，认为工业城市衰退是城市生命周期发展的必然结果，其中专业化较强或产业结构单一的城市衰退程度更严重。周新生（2003）认为地区产业衰退受内外两方面因素影响：从内因上看，市场总体需求有限和先进替代品的出现使得传统产业必然走向衰退；从外因上看，市场需求和其他地区的竞争是地区产业衰退的重要原因。王莉等（2005）以黑龙江为例总结了资源型城市的发展特征，揭示了资源型城市衰退的主要原因是资源实物更新障碍。但是，孙淼（2005）认为，资源型城市衰退的根本原因并不在于资源枯竭，而是由于在我国体制变迁中缺失了"过渡阶段"致使该类地区缺乏原始资本的积累，是在特定体制下的必然结果，因此要从体制改革的角度入手改变资源型城市衰退局面。刘通（2006）指出造成老工业基地衰退的原因包括两个层次：一是产业结构单一、需求结构变化、人才外流和比较优势丧失等是造成老工业基地衰退的基本原因；二是产业退出壁垒高、产业路径依赖严重及企业缺乏自主决策权等一些制度因素导致老工业基地产业结构多样化程度低，使得企业难以适应需求结构的变化。李祥辉等（2011）运用竞争力理论与产业生命周期理论对次贷危机后国际纺织业的大范围衰退进行了研究，认为美国纺织业衰退的国际传导是导致中国纺织业逐渐走向衰退的重要原因。贾凯迪（2014）以煤炭产业为例分析了资源型产业衰退的原因，认为资源的日益衰竭是资源型产业发生衰退的主要原因。高春亮等（2018）认为老工业城市重工业和内资主导的特征导致其人力资本专用性锁定效应较强，而主导产业衰退且难以建立新的生产函数进一步阻碍了老工业城市实现产业升级，因此，老工业城市衰退是城市生命周期的一种形态，很少有城市能够成功实现转型。

3. 地区衰退产业识别与分类研究

王岩（1991）总结了我国台湾地区制造业衰退的特征，并介绍了台湾当局为促进制造业摆脱困局所制定的政策措施。陆国庆（2002）提出了衰退产业识别的六个标准，即生产率、技术进步率、收入弹性、产业关联度、产业集中度和产业吸引力，并对我国 36 个工业产业部门进行了实证分析。王德鲁等（2003）通过对国内外衰退产业转型案例的梳理，认为衰退产业转型模式有四种，即企业能力再造、产业区位转移、产业延伸和产业创新。张米尔等（2004）从产业演进趋势、区域产业竞争力和资源约束三个维度构建了城市衰退产业识别模型，并以大连市为例进行了实证分析。夏锦文等（2005）运用数据包络分析（DEA）方法对产业发展状况进行了分析，从定量的角度对衰退产业进行识别。周敏等（2008）利用因子分析法对江苏省徐州市的产业衰退成因进行了识别，发现食品制造业、饮料制造业等八个制造业门类属于徐州市的衰退产业，而煤炭开采和洗选业以及烟草制造业也即将进入衰退期。周敏等（2008）基于产业竞争力视角对城市衰退产业进行研究，通过分析各产业的竞争态势及影响因素，对衰退产业进行了识别。黄建康（2010）将区域衰退产业分为自然衰退产业和非自然衰退产业两类，并进一步指出随着资源的日趋减少和枯竭，采掘工业必然走向衰退，属于自然衰退产业，而其他一些因生产技术设备陈旧逐渐走向衰退的传统产业则属于非自然衰退产业。赵维良等（2015）在产业演化理论的基础上从需求、技术和比较优势三个方面构建综合指标体系对辽宁省衰退产业进行了识别，指出造纸及纸制品业，有色金属冶炼及压延加工业，电力、热力的生产和供应业，煤炭开采和洗选业，仪器仪表及文化，办公用机械制造业，烟草制品工业，纺织业，以及化学纤维制造业 9 个行业属于辽宁的衰退产业。

4. 产业衰退地区转型发展研究

杨叙（1988）通过分析美国城市衰退的原因，以克利夫兰为例从就业刺激政策、住房修复政策、财政均衡政策、交通改善计划和郊区发展控制政策五个方面提出了城市转型发展的具体政策措施。韩宇（1997）通过分析美国中西部衰退型制造业城市的经济结构以及联邦政府的区域政策，探讨了中西部城市衰退的内在机制和外部影响，并进一步分析了中西部城市治理衰退的措施及其成效。于立等（2004）认为资源型衰退城市要通过发展“接替产业”逐步摆脱对原矿产资源的依赖，实现“非资源化”退出。檀春耕（2004）总结了美国中西部衰退型制造业城市治理措施，认为美国中西部城市通过对制造业进行技术改造、重建市区、发展新的经济部门、调整经济结构、加强高新科技尤其是计算机技术的应用，逐渐走出低谷，实现了初步复兴。刘通（2006）认为要实现衰退老工业基地的转型发展必须加强对衰退产业的调整和援助，加强对新兴产业的培育，促进城市环境美化，推进国有企业改革改组改造。郑声安（2006）将博弈论模型引入产业生命周期理论中，并从微观的角度分析了企业在产业衰退过程中应采取的应对策略。陈一君（2006）从产业演化逻辑角度指出，衰退产业中的企业为了摆脱衰退困境，应该树立危机意识，正确识别衰退，坚持以产业转型为核心的战略创新创造竞争优势。杨振凯（2008）通过分析老工业基地衰退与产业技术生命周期的内在联系，并通过进一步考察中国东北老工业基地的衰退现象，深入探讨了中国东北老工业基地的衰退机制，提出了老工业基地改造的对策和建议。黄建康（2010）认为区域衰退产业具有退出黏性，因此应针对衰退地区制定科学合理的开发政策，促进其产业结构调整，大力发展接续产业，推进中小企业的集群化发展，构建合理的产业创新体系。张文忠等（2011）分析了处于衰退期的资源型城市产业重构的路径，认为处于衰退期的资源型城市在产业重构过程中要充分发挥政府的主导作用，立足于本地的比较优势，选择不依赖于城市现有产业基础的全新产业，通过产业植入的方式逐步建立起全新的产业体系，重塑资源型城市的产业竞争力。李瑞芳（2015）以产业生命周期理论和产业竞争力理论为理论框架，通过分析国外煤炭产业转型升级的相关经验，指出我国煤炭产业实现转型升级的关键在于提高煤炭燃烧技术，促进清洁技术在煤炭产业中的使用。田毅鹏（2017）指出，产业衰败、资源枯竭、环境危机、社会解组是导致地区衰退的重要原因，因此在制定衰退地区振兴政策时，应认真分析衰退原因及类型，确立恰当的再生理念，构建地域政策体系，以城市复兴带动地域振兴。谷满意（2017）以四川泸州市为例对资源衰退型城市产业转型发展的特征进行了分析，确立了产业发展选择原则，并总结了泸州市实现产业转型发展的经验。黄征学等（2018）通过分析产业衰退地区发展面临的主要问题和原因，认为推动产业衰退地区转型发展应以产业转型为重点，以补齐社会短板为核心，突出重点领域和关键环节。

2.3.3 研究进展评述

从目前的研究进展来看，国内外相关研究具有几个鲜明的特点：第一，从研究时间上来看，国外学者对于产业衰退地区的研究要早于我国。国外产业衰退地区的出现主要是由于20世纪六七十年代欧美等发达国家出现了“去工业化”趋势，因此从1957年开始国外学者就开始关注这一领域的研究，到20世纪八九十年代产生了大量研究成果，而2000年前这一领域的研究成果已经非常丰富。相比而言，我国对产业衰退地区的研究起步较晚，20世纪90年代才开始有学者关注，到2000年以后才开始进入成果爆发期。第二，从研究内容来看，尽管国内外学者均对产业衰退地区的识别方法、形成原因、转型发展路径以及衰退产业的发展方向进行了大规模探讨，但研究侧重点有所差异。一方面，国外的研究多集中于衰退产业应如何实现转型发展，而我国学者多从地区发展的宏观角度提出产业衰退地区的转型发展路径；另一方面，我国相关研究主要集中于经济发展领域，对产业结构调整的研究占到绝对优势数量，而国外相关研究则从经济、社会等多个方面对衰退地区重建进行探讨，尤其是更加关注就业、社区和谐发展等方面。第三，从研究方法上看，国内外研究均注重从实证出发的研究方法，规范性地分析及定性研究是主导方向。不同的是，在识别产业衰退地区或地区衰退产业过程中，国外学者通常采用失业率或产业从业人数等单一指标，而我国学者多会通过构建综合性指标体系对地区或产业进行遴选。第四，从研究区域上来看，国内外相关研究主要集中在三类地区：区域性的老工业基地、工业城市或资源型城市以及城市老工业区。其中，由于国外工业化程度比较高，制造业发展比较早，国外相关研究多集中在钢铁、纺织、汽车等传统制造业衰退地区，而我国目前的研究多集中在资源型城市或矿业城市。

尽管目前产业衰退地区的相关研究成果已经非常丰富，但该类地区如何实现转型发展仍然是一个重大难题。从国内外现有的研究来看，产业衰退地区的研究热点仍然集中在地区如何实现经济转型问题上，这也是解决此类地区发展中存在的问题、遏制区域和城市衰退趋势的根本所在。但是，当前该

领域研究还存在一定的问题，主要包括：一是尚未建立科学合理的产业衰退地区识别指标体系。识别产业衰退地区是促进产业衰退地区转型发展的前提，也是政府制定相关政策措施的依据。尽管国内外相关研究对产业衰退地区发展脉络进行了梳理，但对产业衰退地区的识别和认定多基于感性经验或单一指标。如何构建产业衰退地区的识别指标体系一直是相关研究的重点与难点。二是对产业衰退地区如何选择地区转型发展的具体模式与路径等理论性问题研究还不够深入。当前研究多从停留在对产业衰退地区转型方向上进行战略上的指导，难以对不同类型的产业衰退地区具体应该如何遴选转型模式和路径进行实际的可操作的指导，使得产业衰退地区的转型发展无法从根本上得到解决。三是从研究方法上来看，国内外研究学者多以规范性分析和定性研究为主，如何以定量的方法对产业衰退地区进行实证研究还有待进一步加强。四是现有研究对我国衰退型制造业城市实现转型发展指导性不强。目前，国内的相关研究主要集中于老工业基地和资源型城市，专门关注衰退型制造业城市的研究很少。而我国制造业发展受我国特殊工业化进程影响，具有自身特点，难以完全借鉴国外相关研究实现衰退型制造业城市的发展与转型。

制造业是国民经济的主体，是立国之本、兴国之器、强国之基。但是，自2008年全球金融危机爆发后，中国制造业的对外出口就出现了大幅度下滑，大量曾经以规模优势和成本优势取胜的企业都开始倒闭和歇业，甚至部分企业开始转移至国外，致使很多以外贸为主力的省份和地区经济都出现了衰退，地区转型升级问题亟待解决。本书在借鉴国内外相关研究的基础上，采用“分步筛选”和“指标+权重”相结合的方法，从经济发展活力、创新驱动力和社会稳定力三个方面构建了综合识别指标体系，对我国衰退型制造业城市进行了识别，提出了不同类型的衰退型制造业城市产业重构的模式和路径，并以产品空间理论为指导，构建了衰退型制造业城市接替产业选择的思路、原则和具体方法，一方面弥补了现有研究的不足，另一方面为我国产业衰退地区实现转型发展提供了借鉴和参考。

第3章 我国衰退型制造业城市的识别

我国经过多年快速发展，一些地区的部分产业开始进入衰退期，逐步影响到了地区经济的持续发展，国家“十三五”规划纲要中也提出将产业衰退地区作为重点扶持的六大特殊类型地区之一，促进其发展接替产业。产业衰退地区作为新提出的特殊类型地区，理论界和实践界对此类地区的认识还不够深入，特别是对产业衰退地区主要类型之一的衰退型制造业城市的基本内涵、识别方法、空间分布等问题还没有深入研究。本章旨在根据衰退型制造业城市的内涵与特征，构建合适的指标体系与识别方法，筛选出进入21世纪以来我国的衰退型制造业城市，并分阶段对比分析我国衰退型制造业城市的演变历程。

3.1 衰退型制造业城市的内涵

3.1.1 衰退型制造业城市的内涵

理解衰退型制造业城市的概念，要把握三个方面的内涵。

一是衰退型制造业城市的支柱性产业曾经或现在仍是制造业。衰退型制造业城市首先必须曾经是制造业城市，即制造业曾经在城市经济中占有举足轻重的地位。例如，美国匹兹堡、底特律和克利夫兰均为公认的衰退型制造业城市，其中匹兹堡的钢铁生产能力曾占到美国钢铁生产总量的一半以上；底特律是美国汽车行业的集聚地，通用、福特、克莱斯勒三大汽车巨头的总部与生产基地均位于该城市；克利夫兰在20世纪中叶凭借发达的钢铁、机

床、重型装备等产业跻身于美国城市经济实力排名的前五位。

二是在第三产业不够发达的背景下，衰退型制造业城市的制造业在一段时期内发生衰退，城市的产业结构尚未成功转型为以第三产业为主。对衰退型制造业城市来说，制造业衰退既是该类型地区产生的原因，也是该类型地区的主要表现。按照衰退产业的概念，可以认为制造业衰退是指在一定地域范围内，由于技术、资源等要素投入减少或市场需求降低等原因，制造业在较长一段时间内出现规模萎缩、产量产值下降或增长缓慢、在区域经济中的地位不断下降的现象。制造业衰退产生的原因很多，如资源枯竭、区位优势丧失、突发危机等，对衰退型制造业城市来说，制造业衰退一定是长期存在的一种现象。由于制造业在演进过程中受突发性因素影响会呈现波浪式前进，因此不能将制造业的短期衰退作为判定衰退型制造业城市的依据。同时，衰退型制造业城市的制造业衰退是在第三产业发展不足的背景下发生的，成功转型为以第三产业为主导产业的城市不在此类范围内。

三是在衰退型制造业城市中，制造业衰退导致城市经济社会问题突出。根据产业生命周期理论，制造业衰退是产业演化的正常现象，并不一定会导致地区经济社会发展的停滞或放缓。尤其是对于成功转型为以第三产业为支柱产业的地区来说，地区经济甚至会出现跨越式发展。从典型衰退型制造业城市的发展历程来看，由于制造业在当地经济中占有重要地位，产业关联广泛，从业人员众多，因此一旦发生衰退必然引起地区经济发展停滞甚至衰退，进而产生较为严重的社会问题。20 世纪 70 年代末，英国曼彻斯特棉纺织业和航运业相继陷入严重衰退，企业纷纷倒闭和外迁，就业岗位锐减，大量人口外迁，城市中出现了大量弃置土地和空置建筑物，城市开始陷入衰败，出现了较高的失业率，犯罪现象随之增多。

总的来说，城市支柱产业曾经或现在仍是制造业是判断衰退型制造业城市的前提，制造业在较长一段时期内且在第三产业不够发达的背景下发生衰退是判断衰退型制造业城市的必要条件，制造业衰退导致城市经济社会问题突出是衰退型制造业城市的重要特征，三者相辅相成，缺一不可，共同构成了衰退型制造业城市的基本内涵。

3.1.2 衰退型制造业城市与老工业城市

《全国老工业基地调整改造规划（2013—2022年）》指出，老工业城市（基地）主要是指在“一五”时期、“二五”时期以及“三线”建设时期，按照国家布局、依托重工业骨干企业聚集逐渐发展起来的工业城市（基地）。目前，我国共有120个老工业城市（基地）。这些老工业城市一般具有以下特征：一是形成时间比较早，工业化发展历程比较长；二是城市集中了重工业骨干企业，对全国工业发展具有重要影响；三是传统工业在城市经济结构中所占比重比较高，地区经济专业化程度比较强。

从老工业城市的定义与特征来看，衰退型制造业城市与老工业城市既有区别，又有联系。一是老工业城市突出一个“老”字，强调形成时间较早，在我国尤其指“一五”时期、“二五”时期和“三线”建设时期形成的工业城市；而衰退型制造业城市不受形成时间所限，其支柱性产业曾经或现在仍然为制造业，并且在第三产业不发达的情况下制造业发生衰退，且引起严重的经济社会问题的城市均可称为衰退型制造业城市。二是老工业城市是工业占比较高的城市，其中工业不仅包括制造业，还涵盖了采矿业、水电热气生产和供应业以及建筑业，因此老工业城市又包括资源型城市和制造型城市；而衰退型制造业城市主要指以制造业为支柱性产业的城市。三是尽管老工业城市形成时间早且工业占比高，但并不一定发生产业衰退或严重的地区经济社会问题；而对衰退型制造业城市来说，制造业衰退是其形成的必要条件，城市经济社会问题突出是其重要特征。四是由于老工业城市和衰退型制造业城市的界定角度不同，二者存在一定的交叉关系，以制造业为支柱性产业的部分老工业城市可能会属于衰退型制造业城市，而部分衰退型制造业城市也可能属于老工业城市的范围。

3.1.3 衰退型制造业城市与收缩城市

收缩城市是近年来兴起的一个新概念，受到学术界的广泛关注。但收缩城市并不是一种新现象，早在1947年，著名律师维尔布兰特（Willebrandt）就在《纽约时报》发表了题为《收缩城市所面临的税收难题》的采访文章，首次提出了“收缩城市”的概念，警告美国城市随着去中心化以及人口流失将引发税基的大幅减少，导致地方财政的危机。1988 年，德国学者豪伊瑟曼（Häußermann）等在研究德国鲁尔地区时正式提出了“收缩城市”的概念。收缩城市世界研究网络（Shrinking Cities International Research Network，SCIRN）认为，如果拥有 1 万以上居民的人口密集的城市区域，由于某种结构性危机导致该城市在 2 年以上的时间内持续出现人口流失，则该城市可以被认定为收缩城市。

收缩城市与衰退型制造业城市具有一定的相似性。一是二者都是城市发展的特殊阶段。收缩城市与衰退型制造业城市都是城市发展到一定阶段之后出现的特殊现象，会随着城市发展要素的变化出现或消失。二是二者都可能出现人口外流现象。人口减少和外流是判断收缩城市的重要指标，而对于衰退型制造业城市来说，由于城市内产业衰退导致失业率上升，部分人口可能会离开本地外出寻找工作机会，从而引发城市人口的减少，使得衰退型制造业城市进一步发展为收缩城市。三是“去工业化”是二者形成的共同原因。尽管收缩城市形成的原因多种多样，但是从国内外对收缩城市和衰退型制造业城市的研究来看，“去工业化”既会导致衰退型制造业城市的形成，也会进一步导致收缩城市的出现，如美国的底特律、克利夫兰，意大利的塔兰托等。

但是，衰退型制造业城市又与收缩城市有很大区别。一是二者的主要关注点不同。收缩城市关注的主要是城市人口的减少或流失，而衰退型制造业城市关注的核心是产业及地区经济的衰退。二是二者形成的原因不同。引起城市收缩的原因可能包括政治、经济、突发危机等多个方面，而衰退型制造业城市的形成主要是由于城市的制造业衰退引起的。三是二者的识别标准不同。尽管目前学术界对衰退型制造业城市和收缩城市的识别标准尚未达成一致，但是从国内外研究现状来看，学者大多以人口总量的减少作为判断收缩城市的依据，而以失业率作为筛选衰退型制造业城市的标准。四是收缩城市是一个中性概念，并不一定会导致严重的经济社会问题。例如，某些收缩城市是由于居住条件改善、阶级或文化认同差别、交通条件改善等引起逆城市化，从而导致了城市人口减少。而衰退型制造业城市的重要特征之一则是由于制造业衰退导致地区企业倒闭、失业率上升、建筑空置等一系列经济社会问题突出。

3.2 衰退型制造业城市的主要特征

3.2.1 传统制造业在地区经济中占比较高

衰退型制造业城市是以制造业为支柱性产业的城市。衰退型制造业城市多存在三次产业结构不合理的现象，主要表现为第二产业占比偏高，第三产业发展迟缓。这类地区的特点是制造业在本地区经济中所占比重高于全国平均水平，第三产业发展普遍较为滞后。这里的产业结构不仅指一二三产业之间的结构，也指依托某种细分产业形成的结构，如底特律依托汽车产业、白银依托有色金属、攀枝花依托钢铁等。同时，衰退型制造业城市也往往具有单一产业及相关产业所占比重畸高、产业深加工度低等特点。相对单一的产业结构抗风险能力会降低，一旦受到外界冲击或产业进入生命周期的衰退期，将会为地区经济带来波动。例如，美国底特律由于汽车产业竞争力不断下降，再加上 2008 年国家金融危机冲击，汽车产业迅速衰落，地区经济也呈现负增长。我国经济进入新常态以来，北方以能源、原材料为主的地区，产业增长非常乏力，地区经济增长的动能也不足（姜四清，2010）。

3.2.2 制造业衰退引起地区经济发展缓慢

衰退型制造业城市在其发展过程中，其经济、社会发展状况与其主导产业密不可分，并呈现出一定的生命周期特征。产业衰退是产业生命周期的发展规律，也时时刻刻在不同地区发生，并不都需要政府干预。只有产业衰退引起地区经济衰退或者停滞后，才需要政府出台措施，以稳定经济增长、防范经济风险和社会风险。经济增速和人均 GDP 的变化可反映衰退型制造业城市的经济发展特征。衰退型制造业城市的制造业占支柱地位，因制造业衰退，造成了地区经济增速普遍较慢，基本都在全国平均水平以下，人均 GDP 的排名也逐步下滑，甚至出现了规模比较大的企业破产倒闭、经济下滑等衰退特征。

3.2.3　地区综合发展能力比较弱

一个地区的综合发展能力是地区经济、社会、环境等方面的综合水平及其协调状况，具体包括规模指标、结构指标、效益指标、软硬环境指标等（郭建科等，2012）。衰退型制造业城市往往表现为经济发展缓慢、产业结构层次较低、创新能力不足、人才匮乏等方面，致使地区综合发展能力比较弱。例如，现代服务业发展滞后，由于大量人力资源偏向制造业，服务业的发展受制于人力资源短缺，大大制约了衰退型制造业城市服务业的发展。另外，由于衰退型制造业城市的传统制造业已衰退，但是新兴产业却发展不足，致使衰退型制造业城市现代生产性服务业的市场需求减小，造成了衰退型制造业城市的服务业发展滞后。再如，由于企业效益低致使员工工资待遇不高，中高端人才被高薪城市吸引而大量外流，严重削弱了城市的科技创新能力。

3.2.4　社会和民生问题比较突出

地区经济快速发展才能带来居民生活水平的普遍提高和社会稳定。产业衰退地区由于经济发展迟滞，容易出现生活贫困、失业增加等社会问题（李国平等，2002）。尤其是在衰退型制造业城市中，随着国企改革的逐步推进，可能会导致大量企业冗员的下岗与失业。但是，由于衰退型制造业城市多以重工业为支柱产业，轻工业和第三产业发展不足，难以吸收大量的下岗人员。同时，由于失业人员文化程度较低，所掌握的技术落后，也难以转移至新兴产业尤其是高科技产业内。因此，衰退型制造业城市的城镇登记失业人数占国有单位职工人数的比重一直偏高，庞大的下岗失业人群进一步阻碍了城市经济的发展和居民生活水平的提高。以辽宁省本溪市为例，本溪市仅2002年全市下岗职工人数达17万人，占当年本溪市职工总数的近1/3。2006～2012年，本溪市城镇登记失业人数与城镇就业人数之比平均值为4.7%，高于辽宁省平均水平，就业形势十分严峻。

3.3 衰退型制造业城市的识别方法

国内外许多研究机构和专家学者做过产业衰退地域发展评价的相关研究，多数研究采用定性分析，少数学者采用定量与定性相结合的方法（王青云，2007；王德鲁，2004；王成金等，2013）。本书借鉴相关研究，在“分步筛选”的基础上采用“指标+权重”法，构建衰退型制造业城市的识别指标体系。

3.3.1 衰退型制造业城市识别步骤及指标选取

根据衰退型制造业城市的内涵和特征，衰退型制造业城市的识别要把握几个要点：一是制造业在地区经济占较大比重；二是在一段较长时期里，在产业结构调整缓慢、第三产业不够发达的背景下，制造业发生衰退；三是社会民生问题开始显现，城市综合竞争力减退。根据国内外相关研究，在充分考虑衰退型制造业城市以上特征的基础上，结合我国的实际情况和数据可获得性，本书选取的指标和识别步骤如图3-1所示。

1. 识别制造业城市

衰退型制造业城市首先应该是一个制造业城市，即制造业产值规模在地区经济结构中占较大比重，或者制造业从业人口在地区就业结构中占有较大的比例。

欧盟及卡罗尔·E. 海姆（1997）对工业城市的筛选方法是工业行业从业人数比重高于全国的平均值。参考此方法，本书选用制造业从业人口占地区总从业人数的比重来识别制造业城市。但是，只考虑制造业从业人员比重还不够全面，因为有可能一个城市虽然制造业从业人员不多，但是制造业却是这个城市的主导产业或支柱产业，在地区GDP中占比很大。因此，本书进一步参考余建辉等（2018）识别中国资源型城市时采用的产出规模系数法，采用制造业产出规模系数来衡量城市制造业的对外作用。制造业产出规模系数可以测度城市制造业的产出比重与城市经济比重之间的差异，以此补充仅从制造业从业人口角度识别制造业城市的不足。制造业产出规模系数的计算公式如下：

$$C_i = \frac{m_i/M}{g_i/G} \tag{3-1}$$

式（3-1）中：C_i 为 i 城市的制造业产出规模系数；m_i 为 i 城市的制造业产值；M 为全国制造业总产值；g_i 为 i 城市的当年生产总值；G 为对应的当年全国生产总值。当 $C_i>1$ 时，即认为 i 城市的制造业具有对外供应能力，可以识别为制造业城市。

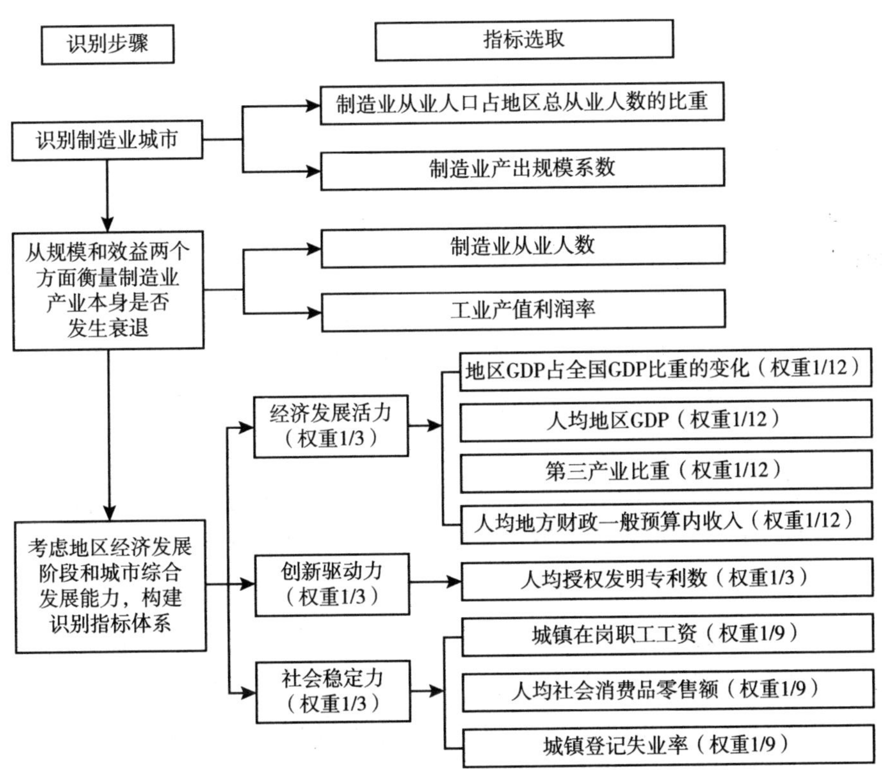

图3-1 衰退型制造业城市识别指标及流程

2. 从就业规模和产业效益两个方面衡量制造业产业本身是否发生衰退

基于数据可得性，本书选用制造业从业人数反映就业规模，用工业产值利润率反映产业效益。

地区制造业从业人数占全国制造业从业人数的比重变化可以在一定程度

上反映地区制造业在全国地位的变化。虽然考虑制造业技术的进步，制造业从业人数可能会减少，但随着产业转移和技术扩散等因素的影响，在一国之内不同城市之间制造业技术水平是在同趋势提高。因此，某城市制造业从业人数占全国制造业从业人数的比重持续下降时，可认为该城市制造业规模发生了衰退或增长缓慢。

产值利润率代表单位产值所获得的利润大小，反映了企业效益的高低，可以通过计算一定时期内销售利润总额与总产值之比获得。地区产值利润率的变化可以反映地区工业效益的变化。因第一步已经筛选出制造业城市，在制造业城市中工业利润可以很大程度上反映制造业利润。因此，某城市产值利润率下降时，可认为该城市制造业效益发生了衰退或增长缓慢。

$$M_i = \frac{P_i}{V_i} \tag{3-2}$$

式（3-2）中：M_i 为 i 城市的产值利润率；P_i 为 i 城市的工业利润总额；V_i 为 i 城市的当年工业总产值。

3. 考虑地区经济发展阶段和城市综合发展能力，构建识别指标体系

考虑地区经济发展阶段。产业发展速度与地区经济所处的发展阶段密切相关，经济发展不能永远保持高速增长，人均 GDP 和地区产业结构能反映地区经济所处的发展阶段。

发达地区的人均 GDP 高，GDP 的增速相应就会放缓。世界银行研究的结果表明，人均 GDP 达到 1 万美元后，GDP 的增速将明显放缓，这是经济发展规律使然。因此，地区在不同发展阶段的经济增速也有差异。

按照产业结构升级的一般规律，地区第一、第二产业比重不断降低，第三产业比重不断升高。如果地区第二产业比重下降，但第三产业比重较高，可认为该地区产业结构升级较快，已经达到较高的发展阶段，也不能将这些城市的制造业发展减速认为是产业衰退。

考虑城市综合竞争力。本书所界定的衰退型制造业城市还需满足的条件为：在制造业城市中，制造业发生衰退后，城市综合发展能力（或竞争力）减退，社会民生问题开始显现。因此，在前面初步筛选出衰退型制造业城市名单后，还需要进一步评价城市综合发展能力（或竞争力）。衰退型制造业城市的城市综合发展能力下降，主要表现为经济发展滞缓、城市创新能力不强、居民收入水平下降、失业率上升等。

因此，本书从经济发展活力、创新驱动力、社会稳定力三个方面构建识别指标体系（见表3-1）。

表3-1　　　　衰退型制造业城市识别指标体系及权重

一级指标	权重	二级指标	权重
经济发展活力	1/3	人均地区生产总值（元）	1/12
		第三产业比重（%）	1/12
		地区生产总值占全国生产总值比重的变化（%）	1/12
		人均地方财政一般预算内收入（元）	1/12
创新驱动力	1/3	人均授权发明专利数（个）	1/3
社会稳定力	1/3	城镇在岗职工工资（元）	1/9
		人均社会消费品零售额（元）	1/9
		城镇登记失业率（%）	1/9

（1）经济发展活力。经济发展活力可以用经济发展水平和地区财政水平来反映。主要指标为：①地区GDP占全国GDP比重的变化；②第三产业比重；③人均地区GDP；④人均地方财政一般预算内收入。

地区GDP占全国GDP比重的变化反映某城市地区经济在全国地位的变化，地位上升表明发展活力足；反之，表明活力不足。人均GDP高、地区财力强，表明发展活力足；反之，表明活力不足。地方财政收入是更准确的经济发展指标。本书同时选取地区GDP占全国GDP比重的变化、人均GDP和人均地方财政一般预算内收入为识别指标，兼顾了经济发展速度和经济发展阶段。

（2）创新驱动力。发展动力指标主要表现为创新能力的强弱。人均授权发明专利数，研发投入、创新人才数量都可以从不同侧面反映创新驱动力，但考虑到数据的可获得性，本书认为可以采用地区人均授权发明专利数来反映地区的科技创新能力，这是提升地区发展动力的原动力。

（3）社会稳定力。一个地区产业长期衰退会导致较为严重的社会民生问题，如居民收入水平下降、消费水平降低、失业率较高等。特别是失业率，不仅最能充分反映社会的基本情况，也是衰退型制造业城市与其他地区差异比较大的社会指标，因此托斯滕等（Thorsten et al.，2012）提出，描述城市衰退这一现象可采用失业率来表征。但由于调查失业率的统计数据不全、不连续，本书选用城镇登记失业率，并兼顾居民收入水平和社会消费品零售额指标。居民收入水平是地区社会发展的综合体现。一个地区经济衰退将导致社会消费水平下降，社会消费品零售额降低。

因此，本书选取的社会指标包括：①城镇登记失业率：城镇登记失业人员占城镇单位、个体及私营从业人员与城镇登记失业人员之和的比重；②城镇在岗职工平均工资；③人均社会消费品零售额。

在权重上，采用平均赋权，对3个一级指标——经济发展活力、创新驱动力、社会稳定力各赋1/3的权重。一级指标下的二级指标也按照平均赋权，均分一级指标相应的权重比例。

3.3.2 数据说明

为了识别衰退型制造业城市，在研究期限和研究单元上确立以下原则。

（1）采用2001~2016年数据，即涵盖“十五”“十一五”“十二五”期间。衰退型制造业城市是指在一段较长时期内制造业发生衰退，而不是短期偶然的衰退，因此需要选择一个较长时间段，以充分反映“衰退”的内涵。分析我国宏观经济形势总体态势，我国经济发展在改革开放之后才进入较快的发展阶段，进入21世纪后，我国已经积累了较为雄厚的制造业存量与基础。并且，在进入21世纪后，受到各种因素的影响，部分地区的经济增速和产业结构开始发生较大变化，特别是经过2008年金融危机的洗礼，部分制造业城市开始显现出产业衰退现象。同时为了便于数据获取和比较，以我国“五年规划”为时间节点，选取“十五”规划以来，包括“十五”“十一五”“十二五”期间的数据，便于对比分析。因此，本书研究的衰退型制造业城市主要是指“十五”时期以来以制造业为支柱产业的城市，因制造业衰退而引起地区经济衰退，并进而产生较为严重的社会问题的城市。因此，本书识别出来的衰退型制造业城市既可能包括曾经是我国制造业基地的老工业城市，也可能包括近年来在市场经济下所形成的制造业城市。

（2）为便于数据采集，主要以直辖市和地级城市为单元进行界定，不

考虑县级城市。包括4个直辖市和332个地级行政单元（265个地级市、32个地区、30个自治州、5个盟）。需要说明的是衰退型制造业城市的核心载体是地级城市。由于中国存在许多“地区”和“州”等地级行政单元，这些“地区”和“州”的相关数据虽然在“中国工业企业数据库”有所统计，但并不包括在《中国城市统计年鉴》中。在后期数据分析中发现，因为“地区”和“州”多为民族地区或边远地区，制造业并不发达，在第一步识别以制造业为支柱产业的城市时已经被排除在外。

（3）本书所涉及的行政区划发生调整并影响地级城市格局的地区时，将根据研究进行适当调整。这段期限内发生区划调整的包括：湖北的荆州和荆门、辽宁的葫芦岛（锦西）与锦州、安徽的芜湖等地级市。

3.3.3　数据来源

（1）2001年、2006年、2010年、2016年的数据来源于《中国城市统计年鉴》（2002年、2007年、2011年、2017年）。

（2）全国层面的数据来源于各年份的《中国统计年鉴》。2001年、2003年的四位数行业数据和产品数据来源于“中国工业企业数据库”（2001年、2003年）。

（3）个别城市在年鉴或数据库中缺失的数据查询其当年的《国民经济和社会发展统计公报》，或者参考其相邻年份补齐，例如衡水市、吕梁市。

3.4　我国衰退型制造业城市的识别过程和结果

基于前面的方法，对2001～2016年我国4个直辖市和332个地级行政单元进行测算。

3.4.1　识别制造业城市

2001年制造业从业人数占地区总从业人数比重高于全国制造业从业人数的平均比重，全国各城市制造业从业人数占地区总从业人数的平均比重为

20%，因此确定阈值为 >20%。经测算共识别出 2001 年我国制造业城市为 126 个。

在城市制造业从业人数占地区总从业人数的平均比重 <20% 的城市中，采用制造业产出规模系数，应用前面的计算公式（3－1），筛选制造业产出规模系数 $C_i>1$ 的城市，即认为该城市的制造业具有对外供应能力，补充识别制造业城市，弥补仅采用制造业从业人口比重时，对一些城市虽然制造业从业人员不多，但是制造业产值或增加值比重大的城市。通过测算各个城市的制造业产出规模系数增补了 14 个制造业城市，即 2001 年我国制造业城市达到 140 个（见表 3－2）。

表 3－2　　2001 年我国制造业城市（140 个）

北京	葫芦岛	扬州	三明	滨州	株洲	德阳
天津	丹东	镇江	泉州	郑州	湘潭	绵阳
石家庄	锦州	泰州	漳州	开封	娄底	遂宁
唐山	辽阳	杭州	南昌	洛阳	广州	内江
秦皇岛	盘锦	宁波	景德镇	平顶山	韶关	乐山
邯郸	长春	嘉兴	九江	安阳	深圳	资阳
张家口	吉林	温州	新余	鹤壁	珠海	贵阳
衡水	通化	湖州	鹰潭	新乡	汕头	昆明
太原	哈尔滨	台州	济南	焦作	佛山	玉溪
长治	齐齐哈尔	绍兴	青岛	许昌	江门	曲靖
晋中	大庆	衢州	淄博	漯河	惠州	西安
运城	伊春市	合肥	枣庄	南阳	东莞	宝鸡
包头	上海	芜湖	烟台	武汉	中山	吴忠
沈阳	南京	蚌埠	潍坊	黄石	茂名	兰州
大连	无锡	马鞍山	威海	十堰	肇庆	嘉峪关
鞍山	常州	铜陵	日照	宜昌	云浮	金昌
抚顺	苏州	滁州	莱芜	襄阳	柳州	白银
本溪	南通	福州	临沂	鄂州	成都	天水
营口	淮安	厦门	德州	咸宁	自贡市	银川
朝阳	盐城	莆田	聊城	荆州	攀枝花	克拉玛依

3.4.2　衡量制造业衰退

根据前面的方法，从就业规模和产业效益两个方面衡量制造业是否发生衰退。

（1）就业规模：2016年某城市制造业从业人数占全国制造业从业人数的比重比2001年下降时（即<0），认为该城市制造业规模发生了衰退。

（2）产业效益：2016年某城市工业产值利润率比2001年下降时（即<0），认为该城市制造业效益发生了衰退。

在制造业城市中，共筛选出制造业发展规模和效益下降的城市55个，名单如表3-3所示。

表3-3　制造业发展规模和效益下降的制造业城市（55个）

天津	沈阳	葫芦岛	铜陵	韶关	金昌
唐山	大连	长春	三明	柳州	白银
秦皇岛	鞍山	吉林	济南	攀枝花	天水
邯郸	抚顺	哈尔滨	枣庄	乐山	吴忠
张家口	本溪	齐齐哈尔	莱芜	贵阳	克拉玛依
太原	丹东	大庆	安阳	昆明	
长治	锦州	伊春市	南阳	曲靖	
晋中	营口	南京	武汉	西安	
运城	盘锦	蚌埠	黄石	兰州	
包头	朝阳	马鞍山	鄂州	嘉峪关	

3.4.3　考虑城市发展阶段和综合能力构建识别指标体系

考虑地区经济发展阶段和城市综合发展能力，从经济发展活力、创新驱动力、社会稳定力三个方面构建识别指标体系，计算各城市得分，如表3-4所示。

表 3 - 4　　城市的综合得分

城市	得分	城市	得分	城市	得分
伊春市	-0.8900	晋中	-0.4161	马鞍山	0.2829
齐齐哈尔	-0.7006	黄石	-0.3996	莱芜	0.2912
邯郸	-0.6932	营口	-0.3763	韶关	0.3347
张家口	-0.6557	蚌埠	-0.3646	嘉峪关	0.3405
天水	-0.6557	盘锦	-0.3451	昆明	0.4202
葫芦岛	-0.6430	吉林	-0.2947	大连	0.4294
朝阳	-0.6376	唐山	-0.2900	太原	0.4553
南阳	-0.5887	金昌	-0.2564	柳州	0.4558
丹东	-0.5807	大庆	-0.2079	兰州	0.4654
安阳	-0.5752	鄂州	-0.2002	贵阳	0.5257
运城	-0.5569	枣庄	-0.1960	包头	0.5763
乐山	-0.5525	铜陵	-0.1856	天津	0.9505
白银	-0.5444	秦皇岛	-0.0070	西安	1.1290
本溪	-0.5338	三明	0.0117	克拉玛依	1.1581
锦州	-0.5256	鞍山	0.0295	武汉	1.8022
吴忠	-0.5179	长春	0.1035	济南	1.9036
曲靖	-0.4989	攀枝花	0.1519	南京	2.5097
抚顺	-0.4801	哈尔滨	0.2121		
长治	-0.4344	沈阳	0.2651		

从图 3 - 2 可以看出各城市得分的变化情况，采用门槛模型对得分情况进行分析，借助 Stata 软件，分析各城市得分分布的突变点。运算结果表明第 46 个数值为突变点，小于 46 系数为 0.0315，大于等于 46 系数变为 0.2304（见图 3 - 3）。

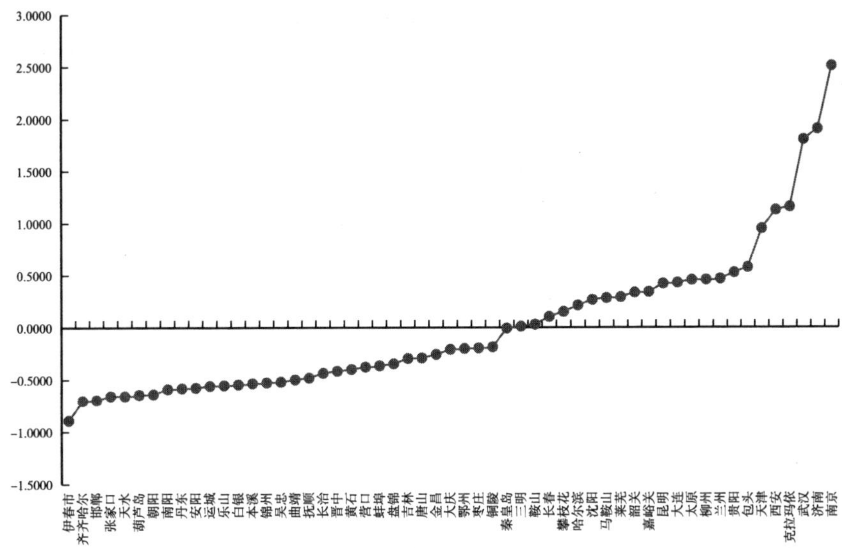

图3－2　城市综合得分分布

```
                                                F(2,42)           =     50.40
corr(u_i, Xb)  = -0.9949                        Prob > F          =    0.0000

------------------------------------------------------------------------------
           y |      Coef.   Std. Err.      t    P>|t|     [95% Conf. Interval]
-------------+----------------------------------------------------------------
         x_1 |   .0314976   .0112618     2.80   0.008     .0087704    .0542248
         x_2 |   .2303602   .0238899     9.64   0.000     .1821485    .2785719
       _cons |  -2.707853   .3053456    -8.87   0.000    -3.324065    -2.09164
-------------+----------------------------------------------------------------
     sigma_u |  3.8464553
     sigma_e |   .1068388
         rho |  .99922909   (fraction of variance due to u_i)
------------------------------------------------------------------------------
F test that all u_i=0: F(10, 42) = 26.62                     Prob > F = 0.0000
Note: x_1: x*I(e<46)
     x_2: x*I(e>=46)
```

图3－3　城市综合得分的门槛模型运算结果

因此，第46个城市得分（0.4558）为拐点，将城市分为两组，将得分>0.4558的城市不作为衰退型制造业城市，而得分≤0.4558的城市作为衰退型制造业城市。并进一步将得分<0作为严重衰退城市，0<得分≤0.4558作为一般衰退城市。最终本书识别出我国衰退型制造业城市共有46个，占样本城市总量的13%，如表3－5所示。

表 3-5　　2001～2016 年我国衰退型制造业城市

分类	城市名单
严重衰退城市（32 个）	伊春市、齐齐哈尔、邯郸、张家口、天水、葫芦岛、朝阳、南阳、丹东、安阳、运城、乐山、白银、本溪、锦州、吴忠、曲靖、抚顺、长治、晋中、黄石、营口、蚌埠、盘锦、吉林、唐山、金昌、大庆、鄂州、枣庄、铜陵、秦皇岛
一般衰退城市（14 个）	三明、鞍山、长春、攀枝花、哈尔滨、沈阳、马鞍山、莱芜、韶关、嘉峪关、昆明、大连、太原、柳州

从 2001～2016 年我国衰退型制造业城市空间分布可看出，这 46 个城市既有改革开放之前的老工业城市和资源型城市，又包括近十多年来发生衰退的其他制造业城市，并且形成了三个明显的集聚区：东北地区、华北地区和西北地区（甘肃、宁夏），其中，东北地区最多，占全国衰退型制造业城市的 37%，华北地区和西北地区分别占 28% 和 11%。从省份来看，以辽宁省最多，有 10 个城市之多，占全国衰退型制造业城市的 10%。

严重衰退城市主要分布在我国北方，32 个严重衰退城市有 27 个城市在北方，这也从侧面反映了我国南北经济分化现象。严重衰退城市都不是国家中心城市，也不是省会城市，以二三线城市居多。一般衰退城市总量较少，只有 14 个城市，南北方都有分布，并且包括长春、哈尔滨、沈阳、昆明、太原 5 个省会城市和大连 1 个计划单列市。

3.5 我国衰退型制造业城市的分阶段演变情况

基于前面介绍的方法和指标体系，对 2001～2005 年、2006～2010 年、2011～2015 年三个“五年规划”期间，我国直辖市和地级行政单元进行测算。在初步筛选出制造业发展规模和效益下降的制造业城市后，同样，考虑地区经济发展阶段和城市综合发展能力，从经济发展活力、创新驱动力、社会稳定力三个方面构建识别指标体系，计算各城市得分，以识别不同阶段的衰退型制造业城市。

3.5.1 2001~2005年的衰退型制造业城市

2001~2005年，衰退型制造业城市共有38个，其中绝大多数属于老工业城市，共有28个，占总数的73.6%，只有张家口、丹东、伊春、盐城、聊城、肇庆、遂宁、资阳、吴忠、曲靖10个城市属于非老工业城市和非资源型城市。从空间分布来看，以东北地区、华北地区和中部地区较多，辽宁、河南、河北和山西较多，其他东部省份较少。

从识别结果可以看出，这一阶段衰退型制造业城市的主体是老工业城市。改革开放之前，老工业城市和资源型城市是国家开发的重点，国家集中了大量的财力、物力和人力以支持老工业城市和资源型城市的发展，对工业和基础设施都有大规模投入，使其工业化进程得到快速推进。但是，这些特定时期形成的老工业城市和资源型城市计划经济色彩浓厚，缺乏主动发展的思路，并且长期为国家发展做贡献，一定程度上牺牲了自身发展的机会，经济发展较慢。在改革开放之后，特别是2000年以来，许多老工业城市和资源型城市的问题越来越凸显，例如出现了“东北现象”和“新东北现象”，老工业城市和资源型城市的产业衰退越来越明显，特别是制造业衰退比较明显。这主要是因为部分老工业城市和资源型城市的制造业技术和装备都渐趋落后，企业发展陷入困境，未能在产业更替、提高创新能力和核心竞争力等方面有较大改进，致使老工业城市和资源型城市的制造业在激烈的市场竞争中逐步失去竞争力。此外还有政企不分等体制问题，致使其不可避免地走向衰退。

3.5.2 2006~2010年的衰退型制造业城市

“十一五”期间（2006~2010年）的衰退型制造业城市具备两个特点：一是数量增加，从“十五”期间的38个增加到44个。二是老工业城市和资源型城市比重有所降低，但仍占相当比重，共有28个，占总量的63%，比“十二五”时期低了10个百分点。产生这种变化的原因包括以下几点。

1. 国家出台的振兴老工业城市和资源型城市的政策逐渐发挥效用

经过这些政策的刺激，到“十一五”期间，一些老工业城市和资源型城市抓住了大好的发展机遇，大力推进产业升级，在原先较为坚实的工业基础上不断进步，促进地区快速发展，使得地区经济有所起色。例如，自从东北老工业基地振兴战略实施以来，东北地区经济取得了较快发展。特别是一大批重大制造业项目的顺利实施，加快了制造业的改造升级进程，促进了老工业基地的调整与改造，大大增强了制造业的自主创新能力。虽然 2008 年发生了全球金融危机，但东北地区经济发展受冲击相对较小。城市转型成效显著，通过调整改造和产业转型，逐步改变了过去长期形成的较为单一的经济结构。

2. 仍有部分老工业城市和资源型城市显现出深层次的问题和矛盾

抚顺、锦州、洛阳、安阳、柳州、德阳、绵阳、内江、宝鸡、金昌、白银、天水等城市整体改造进程仍较为迟缓。

3. 部分东部城市的产业结构调整并未带来经济快速发展

茂名、三明、临沂等城市的制造业出现衰退，并且其他产业的发展并未带来城市经济的快速增长，反而使得城市经济发展速度处于全国平均水平以下。

3.5.3 2011~2015 年的衰退型制造业城市

经测算，“十二五”期间（2011~2015）我国衰退型制造业城市共 45 个，其特点主要有两个：一是数量较多。与“十五”和“十一五”期间相比分别增加了 7 个和 1 个衰退型制造业城市。二是主要分布于北方地区，特别是集中在东北和华北地区，这两个地区的城市有 21 个，占总量的 46%，南方城市只有 13 个，仅占总量的 28%。主要原因如下。

（1）衰退型制造业城市南北分化严重，主要集中在北方的东北和华北地区，这与我国南北经济分化是相符合的。

（2）由于技术落后导致产业衰退。近年来，由于技术革命或产业升级加快，部分城市因缺乏创新，导致制造业升级不足；竞争力下降，导致产业衰退，并进而引发区域经济衰落。

（3）部分资源型城市由于资源枯竭，引发以资源为源头的下游制造业衰退，进而引起区域经济衰落。

3.5.4　衰退型制造业城市的分阶段比较

本书共识别出2001～2005年的衰退型制造业城市38个，2006～2010年的衰退型制造业城市44个，2011～2015年的衰退型制造业城市45个，这代表了我国分阶段的衰退型制造业城市总体格局（见表3－6）。

表3－6　　　　我国衰退型制造业城市分阶段识别结果

	2001～2005年 （38个）	2006～2010年 （44个）	2011～2015年 （45个）
城市名单	滁州、遂宁、襄阳、资阳、朝阳、白银、张家口、曲靖、伊春市、吴忠、茂名、九江、葫芦岛、蚌埠、金昌、鄂州、安阳、盐城、宝鸡、鹤壁、通化、肇庆、南阳、德阳、淮安、绵阳、聊城、锦州、邯郸、景德镇、长治、营口、十堰、晋中、丹东、吉林、抚顺、铜陵	伊春市、遂宁、内江、运城、咸宁、天水、葫芦岛、乐山、茂名、邯郸、安阳、聊城、朝阳、蚌埠、黄石、张家口、九江、白银、吴忠、德州、绵阳、德阳、宝鸡、景德镇、通化、金昌、石家庄、洛阳、新余、枣庄、湘潭、临沂、锦州、肇庆、长治、抚顺、盘锦、晋中、柳州、秦皇岛、本溪、滁州、潍坊、三明	伊春市、资阳、天水、朝阳、运城、张家口、葫芦岛、乐山、丹东、白银、吴忠、咸宁、南阳、曲靖、锦州、本溪、景德镇、十堰、黄石、抚顺、长治、晋中、聊城、金昌、营口、盘锦、铜陵、绵阳、鄂州、吉林、湘潭、唐山、三明、攀枝花、秦皇岛、沈阳、株洲、莱芜、马鞍山、滨州、石家庄、大庆、柳州、嘉峪关、哈尔滨

1. 持续衰退的城市

对比三个阶段的衰退城市名单可以发现，2001年以来持续衰退的城市共有15个，包括白银、朝阳、抚顺、葫芦岛、金昌、锦州、晋中、景德镇、聊城、绵阳、吴忠、伊春市、张家口、长治等。这些城市分别位列每个阶段的城市名单，说明2001年以来这些城市的衰退程度越来越严重。

2. 逐渐向好的城市

从表3－7我国衰退型制造业城市退出和新增情况看，2001～2005年期间发生衰退，但2006年以后逐渐向好发展并彻底退出衰退城市名单的城市仅有4个，包括鹤壁、淮安、襄阳和盐城；对比三个阶段的衰退名单可以发现，这4座城市并不在之列，这说明2006年以后这些城市的经济得到了长足的发展，彻底扭转了之前的衰退趋势。2001～2010 年发生衰退，但 2011 年以后开始向好的城市共有 12 个，包括安阳、蚌埠、宝鸡、滁州、德阳、邯郸、九江、茂名、遂宁、通化、肇庆、三明等；其中，安阳、蚌埠、邯郸和三明 4 座城市也同时位列于 2001 年以来衰退名单中，这说明尽管这 4 座城市自 2011 年以后开始向好发展，但是发展速度较慢，截至 2016 年，其发展状况与 2001 年相比仍处于衰退状态。

表 3－7　　我国衰退型制造业城市分阶段识别结果的变化情况

从第一阶段到第二阶段		从第二阶段到第三阶段	
退出名单	新增名单	退出名单	新增名单
丹东	本溪	安阳	滨州
鄂州	德州	蚌埠	大庆
鹤壁	黄石	宝鸡	丹东
淮安	乐山	滁州	鄂州
吉林	临沂	德阳	哈尔滨
南阳	柳州	德州	吉林
曲靖	洛阳	邯郸	嘉峪关
十堰	内江	九江	莱芜
铜陵	盘锦	临沂	马鞍山
襄阳	秦皇岛	洛阳	南阳
盐城	三明	茂名	攀枝花
营口	石家庄	内江	曲靖
资阳	天水		沈阳
	潍坊		十堰
	咸宁		唐山
	湘潭		铜陵
	新余		营口
	运城		株洲
	枣庄		资阳

3. 新近走向衰退的城市

2010年之前并未发生衰退，但2011年之后逐步走向衰退的城市共有19个，包括滨州、大庆、丹东、鄂州、哈尔滨、吉林、嘉峪关、莱芜、马鞍山、南阳、攀枝花、曲靖、沈阳、十堰、唐山、铜陵、营口、株洲、资阳等。与2001年相比，这19座城市中发生衰退的城市高达15个，其中，大庆、丹东、鄂州、吉林、南阳、攀枝花、曲靖、唐山、铜陵、营口10个城市属于严重衰退城市，说明这些城市尽管近些年才开始发生衰退，但衰退速度比较快，程度比较严重。

3.6 本章小结

（1）根据衰退型制造业城市的主要内涵和特征，本章构建了衰退型制造业城市的识别指标体系。衰退型制造业城市的识别主要把握三个要点：一是制造业在地区经济中占较大比重。二是在一段较长时期内，在产业结构调整缓慢、第三产业不够发达的背景下，制造业发生衰退。三是社会民生问题开始显现，城市综合竞争力减退。本章主要选取经济发展活力指标、创新驱动力指标和社会稳定力指标来刻画衰退型制造业城市的特征。从三个步骤来具体分析：第一步，根据制造业从业人口和制造业产出规模系数，识别出制造业城市；第二步，从规模和效益两个方面衡量制造业产业本身是否发生衰退；第三步，考虑地区经济发展阶段和城市综合发展能力，构建识别指标体系。本章采用2001～2016年数据对我国4个直辖市和332个地级行政单元进行测算，筛选出我国“十五”“十一五”“十二五”期间的衰退型制造业城市名单。为便于数据采集，本书以地级城市为单元进行界定，不考虑县级城市。

（2）本章首先识别出2001～2016年衰退型制造业城市46个。这些城市既有改革开放之前的老工业城市和资源型城市，又包括近十多年来发生衰退的其他制造业城市。从空间分布上看，衰退型制造业城市形成了三个明显的集聚区：东北地区、华北地区和西北地区（甘肃、宁夏）。其中，东北地区最多，占全国衰退型制造业城市的1/3。从省份来看，以辽宁省最多。严重衰退城市主要分布在我国北方，这也从侧面反映了我国南北经济分化现象。

（3）从我国衰退型制造业城市的演化历程来看：①2001～2005年的衰退型制造业城市有38个，绝大多数属于老工业城市和资源型城市，以东北地区、华北地区和中部地区较多。这主要是因为受历史原因和技术、装备、体制落后等影响，老工业城市和资源型城市制造业衰退严重，基本民生问题日益严重。②2006～2010年的衰退型制造业城市有44个，具备两个特点：一是数量增加，从“十五”期间的38个增加到44个。二是老工业城市和资源型城市比重有所降低，但仍占相当比重。主要原因是国家出台的振兴老工业城市和资源型城市政策逐渐发挥效用，但仍有部分老工业城市和资源型城市显现出深层次的问题和矛盾，并且部分东部城市的产业结构调整并未带来经济快速发展。③2011～2015年的衰退型制造业城市有45个，其特点主要有两个：一是数量较多。这主要是因为产业技术落后以及部分资源型城市资源枯竭导致许多制造业城市出现了产业衰退，衰退型制造业城市数量增加。二是主要分布于北方地区，特别是集中在东北和华北地区，这两个地区的城市有21个，占总量的46%，这种分化现象与我国南北经济分化一致。

（4）分阶段对比我国衰退型制造业城市的名单可以发现，2001～2016年持续衰退的城市包括白银、朝阳、抚顺等15个城市，这些城市的衰退程度在不断加重。2001～2005年期间发生衰退、但2006年以后逐渐向好发展并彻底退出衰退城市名单的城市有4个，包括鹤壁、淮安、襄阳和盐城，这4座城市彻底扭转了之前的衰退趋势。2001～2010年发生衰退、但2011年以后开始向好的城市共有12个，包括安阳、蚌埠、宝鸡等；其中，安阳、蚌埠、邯郸和三明4座城市尽管自2011年以后开始向好发展，但是发展速度较慢，相比2001年仍处于衰退状态。2011之后逐步走向衰退的城市共有19个，包括滨州、大庆、丹东等。19座城市中与2001年相比发生衰退的城市高达15个，其中，大庆、丹东、鄂州等10个城市属于严重衰退城市，说明这些城市尽管近几年才开始发生衰退，但衰退速度比较快，程度比较严重。

我国衰退型制造业城市产业衰退机理

促进衰退型制造业城市产业重构，实现地区经济转型发展，对于遏制衰退型制造业城市的衰退趋势、促进经济平稳增长、防范地区经济风险和社会风险意义重大。本章在剖析衰退型制造业城市产业发展存在的主要问题的基础上，探讨其产业衰退的机理，为提出我国衰退型制造业城市产业重构的模式与路径奠定基础。

4.1 我国衰退型制造业城市产业发展存在的主要问题

产业衰退是产业生命周期的必经阶段，是产业演化的正常现象。产业衰退的发生并不一定会导致地区衰退，但是，地区衰退的发生大多是由产业衰退引起的。要遏制衰退型制造业城市的衰退趋势，重新激活地区发展活力，就必须精准剖析衰退型制造业城市产业发展中存在的问题。

4.1.1 产业发展层次较低，产业结构调整缓慢

衰退型制造业城市的产业结构层次较低、产业结构不优主要表现在以下两个方面：

第一，服务业特别是生产性服务业发展滞后，制造业与服务业融合不足。衰退型制造业城市的生产性服务业相对于制造业的发展还很不协调，例如，辽宁省本溪市三次产业结构长期呈现“二、三、一”格局，虽然近年来本溪市第三产业比重不断提升，但总体来看增速较为缓慢，至 2018 年本

溪市三次产业增加值结构为6.1∶45.5∶48.4，第三产业仍比全国平均水平低3.8个百分点。制造业与服务业融合不足，不能与制造业形成良性互动，严重制约了制造业转型升级。例如，衰退型制造业城市集中的东北地区生产性服务业占服务业的比例大多是35%～40%，低于全国平均水平约5%～10%。

第二，传统的制造业、基础性产业、资源密集型或劳动密集型产业比重较高，而高技术密集型和知识密集型产业发展不足。衰退型制造业城市传统加工制造业面临落后产能过剩的压力，而智能制造业和新型制造业产能不足。对我国衰退型制造业城市来说，不仅产业间结构急需调整，而且制造业内部产业结构也急需优化。但是，地区产业结构是地区经济长期发展的结果，具有一定的稳定性，传统产业的转型升级或退出、新兴产业的培育都需要一个较长的过程，例如，一些衰退型制造业城市的重工业在工业中的比重甚至不降反升，粗放型的经济发展方式没有得到明显改观。产业结构的调整无法适应供求市场变化以及劳动力市场的变化，使得衰退型制造业城市的发展呈现生产效率低、经济效益差与发展后劲不足的特点，低附加值产业占比较大而高附加值产业发展较为缓慢。

4.1.2 产品多处于价值链中低端，产业发展效益不高

从企业层面来看，由于衰退型制造业城市的制造企业多以“代工”为主，缺少自主品牌和知名品牌，缺乏核心技术，劳动生产率低下，位于全球价值链中“垂直分工”的中低端，地位偏弱，市场竞争力不强，企业效益低下，甚至部分企业出现了亏损。2017年，哈尔滨市亏损企业高达288家，亏损面达21.4%；2018年，齐齐哈尔市规模以上工业亏损企业为138户，同比增加了14户，亏损面达36.0%。

从产品层面来看，由于衰退型制造业城市的制造业发展比较早，企业生产装备比较陈旧，创新投入不足，市场化水平较低，其生产的产品老化严重，附加值较低，多属于低端产品，市场需求不足，导致相关产业收益明显减少。

从产业层面来看，衰退型制造业城市的产业发展主要依靠要素投入和规

模扩张来实现，但随着发展环境和自身资源条件的变化，比较优势逐渐丧失，导致其产业利润率开始下降，严重影响了地区经济的健康发展。例如，2017 年，哈尔滨市规模以上工业企业利润总额同比下降了 3.5%，降幅较 2016 年扩大了 1.1 个百分点。素有“钢都”之称的鞍山市，自新中国成立以来钢铁产业在鞍山产业发展中始终占据着重要地位，全市共有 69 家规模以上钢铁企业。但是近年来，鞍山市钢铁产能过剩矛盾突出，产业竞争力和带动力严重下降，钢铁产业对地区经济增长的拉动力明显减弱。2016 年，鞍山市 GDP 仅为 1440 亿元，第二产业对地区生产总值的贡献度仅为 23%，地区生产总值增量和增速均呈现断崖式下降（姜维权等，2017）。

4.1.3 产业创新能力不高，竞争力与带动力不足

衰退型制造业城市的产业创新能力明显不足，创新人才缺乏，尚未建立起完善的技术创新体系，主导产业的关键技术、核心零部件等主要依赖从国外引进和进口，缺乏自主创新能力。同时，许多制造业企业长期通过引进模仿的“捷径”来实现技术进步，使得企业自主创新意愿和动力不足，生产效率提升缓慢。尤其是由于衰退型制造业城市大量企业效益下降或倒闭，研发人员、管理人员和高级技工等中高端人才大量外流，严重削弱了城市的科技创新基础能力，使得城市的产业发展呈现更新换代能力不强、传统产业转型升级缓慢、接续替代产业发展不足、高技术产业发展滞后等特点，对地区经济增长带动力严重下降，导致地区经济整体竞争力不强。

4.1.4 传统产业优势减退，新兴接替产业培育不足

衰退型制造业城市多是依赖传统产业发展起来的，很多城市的经济发展严重依赖单个或少数几个传统制造业行业，存在较高的产业风险。自 1996 年起，本钢成为本溪市国有特大型钢铁联合企业，本溪市钢铁产业开始呈现强势发展，非钢产业发展严重滞后（25%），本溪市钢铁产业呈现一业独大（75%）的格局。衰退型制造业城市中的新兴产业往往起步较晚，企业规模普遍较小，技术创新能力不足，尚未形成配套齐全、功能完备的产业链，在

国民经济中所占份额明显偏低，对地区经济增长和产业转型升级带动作用不够。因此，一旦传统产业失去竞争优势，而地区接替产业又发育不足，就必然会导致地区经济增速放缓甚至停滞。例如，制糖业曾是四川内江市的支柱产业，在全国占有一定的地位，但是如今制糖业的市场空间大大缩减，导致内江市的制糖业遭受重创，而新的主导产业又尚未发展起来，导致内江市的经济增长乏力，经济地位大幅下滑。

4.2 我国衰退型制造业城市产业衰退机理分析

演化经济地理学以生物进化论、复杂性理论和路径依赖理论为理论基础，是理解社会经济演化的基础（贺灿飞，2018）。这些概念被广泛地用来解释地区经济的演化过程，探讨某一产业在某些地区形成、发展和衰退的原因，探究各种机制如何导致某一区域被特定的模式锁定，讨论某一地区的经济关系和经济集聚模式如何随时间发生演变等。演化经济地理学是解释产业（地区）衰退与复兴现象的重要理论工具，它强调时空情景的特定性、历史基础的重要性以及偶然事件的创造性破坏作用，认为影响地方产业发展的众多要素相互依赖、相互影响，共同推进地区产业体系的演化（Boschma，2007；刘志高等，2011；赵建吉等，2019）。

本书在演化经济地理学理论的基础上，吸收生命周期理论、比较优势理论、产业竞争理论等理论的观点，构建了“路径依赖—比较优势弱化—制度锁定—国内外市场环境需求变化—主导产业衰退”“五位一体”的分析框架，分析衰退型制造业城市的产业衰退机理。本书认为衰退型制造业城市的产业衰退是内生性、外生性和体制机制性因素交互作用的结果，这些因素相互联系、相互作用、相互影响，致使城市制造业的内部矛盾不断积累，并在外部条件变化以及体制机制的影响下，竞争优势逐渐消失直至衰退。其作用机理如图 4－1 所示。

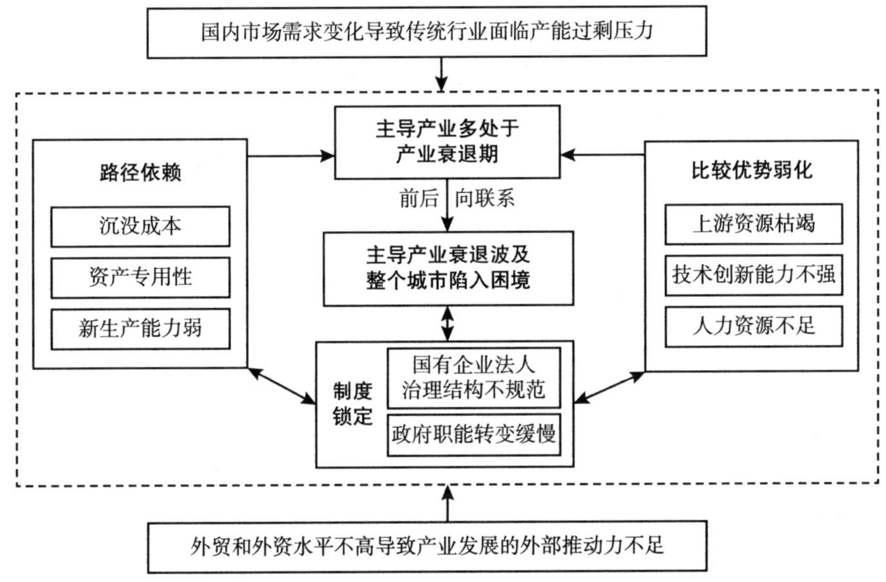

图4－1　衰退型制造业城市产业衰退机理分析框架

4.2.1　路径依赖产生“区域锁定”效应致使产业调整缓慢

路径依赖理论主要包括以布莱恩·阿瑟（Brian Arthur）、保罗·大卫（Paul David）为代表的技术变迁路径依赖理论和以道格拉斯·诺斯（Douglass North）为代表的制度变迁路径依赖理论（王一兵等，2011）。路径依赖理论对衰退城市的解释主要有功能性锁定、认知性锁定及政治性锁定三种（Grabher，1993）。我国很多衰退型制造业城市形成了以传统制造业和重工业为主的工业聚集地，其产业发展和技术扩散具有更强的根植性，产业和技术对衰退型制造业城市产生“锁定效应”，使得衰退型制造业城市经济变革成本较高，难以突破原有的发展路径，也使得衰退型制造业城市的制造业发展对原有路径“依赖性”要高于其他城市。本书认为形成路径依赖的内在机理是沉没成本、资产专用性和城市新生产能力积累弱等因素影响衰退产业的退出和新兴产业的形成，进而制约了衰退型制造业城市的产业重构路径。

1. 沉没成本和资产专用性阻碍了衰退产业的退出调整

产业的沉没成本阻碍了衰退产业的退出和调整。传统产业在形成和发展过程中对机器设备、基础设施等固定资产投入了大量资金，形成了巨大的沉没成本，使得传统产业具有较高的退出黏性（黄建康，2010），大大阻碍了衰退型制造业城市的产业重构进程。衰退产业的退出和调整是衰退型制造业城市实现产业重构的重要路径，但是由于产业具有地域根植性，使得衰退产业更多地遵循“区域锁定”效应，难以实现产业退出或区位转移。

资产专用性是指资产可用于不同用途和由不同使用者利用的程度。衰退型制造业城市由于产业专业化程度比较高，重工业占比大，因此城市所拥有的特定技术和装备一旦过时，产品就会失去市场，企业的竞争力就会降低。尤其是对以重化工业为支柱产业的城市来说，这种锁定效应更加明显。重化工业由于投入大、知识专业化程度高，在技术升级、设备更新以及产品性能拓展提升等方面存在的难度更大，应对市场变化的能力较低，一旦发生衰退，很难将资产、设备等转移至新的产业。我国很多衰退型制造业城市曾是我国在某一领域的重要制造业基地，例如大庆、抚顺是石化产业基地，鞍山、本溪、攀枝花是钢铁产业基地，十堰、株洲、柳州是我国的汽车及机车产业基地，齐齐哈尔、沈阳、太原是我国的装备制造业基地。而且很多衰退型制造业城市的重工业比重都很高，部分城市的石化产业比重很高，如大庆为94.2%、抚顺为37.5%、锦州为28%；部分城市的钢铁与机械工业比重很高，如鞍山、攀枝花、本溪的钢铁工业占比均超过了一半，分别为68%、58.3%、52.2%。这些产业基地的生产要素往往具有专用性，很难转为生产其他产业，容易形成显著的经济性沉淀成本，并且在形成经济性沉淀成本的同时，企业办社会和下岗职工等问题也使社会性沉淀成本不断上升，产生了一定的“锁定”现象，衰退型制造业城市的这种锁定效应使得技术升级、设备更新和产品换代的难度大，经济性和社会性沉没成本阻碍了产业转型升级。

2. 城市积累的新生产能力弱不利于新兴产业的形成

新兴产业的形成和发展也很大程度上根植于城市现有的产业基础。内费利等（Neffke et al.，2011）通过分析瑞典70个地区34年的产业结构演变历程发现，新兴产业在某一地区的形成概率与该产业与该地区现有行业的相关性呈正相关关系（赵建吉等，2019）。布施曼等（2011）研究也发现，新产业的形成与地区生产能力（知识、资源等）密切相关，新的产业通过从现有产业吸收和重组与之相关的生产能力而发展壮大。而产业演化也可以跨越行政边界在相邻地区催生新的产业，但是也需要该地区自身拥有与之相关的产业基础（贺灿飞等，2016）。因此，衰退型制造业城市选择哪些新产业进行产业重构在一定程度上受制于其自身的产业基础。

4.2.2　原有比较优势的弱化导致地区竞争力下降

比较优势理论认为地区应该生产生产要素在本地区比较丰富的产品，生产要素既包括资源等传统要素，也包括技术和人力资本等非传统要素。衰退型制造业城市原有的资源、技术、人才等比较优势不断弱化导致地区竞争力下降。

1. 上游资源枯竭导致下游制造业遭受打击

自然资源如同一把双刃剑，在地区产业发展和经济增长中发挥了正、反两方面的作用。有些城市的制造业是依靠某类自然资源发展的下游产业，并且城市产业结构对这类特定资源产生高度依赖效应。一方面，自然资源禀赋是城市产业重构的物质基础，为产业形成和发展提供了土地、森林、矿藏等基本的生产要素，是产业持续稳定发展的重要保障。很多衰退型制造业城市在形成和发展之初凭借自身优越的自然资源优势而兴起，在工业化过程中，矿产资源优势促进了白银、本溪、锦州、抚顺、长治、晋中、黄石、金昌、大庆等城市的资源开采和加工业的形成和发展，这些产业的发展壮大吸纳了大量的就业人员，也为冶金、化工、建材等行业的发展奠定了基础。另一方面，自然资源禀赋也制约了本地区产业重构和经济持续增长。自然资源作为一种上游产品，一旦资源枯竭，将极大地影响下游制造业的发展，如果城市又未能及时培育出新的支柱产业，会使地区产业更替受阻，陷入经济增长乏力的困境之中，这将对城市的整个工业体系产生毁灭性打击。例如，因为森林资源的禁伐，伊春市的木材加工业、家具制造业等产业逐步萎缩。再如，抚顺、枣庄、黄石等城市依托煤矿资源延伸出的煤炭加工、煤化工产业，随着煤矿资源的减少、开采难度的增加、开采成本加大，煤矿下游的相关制造业也随之出现衰退。

因此，在产业重构过程中，衰退型制造业城市能否通过改造升级传统产业实现经济增长，在一定程度上取决于城市自身的自然资源禀赋现状。如果城市相关资源已面临枯竭，城市在进行产业重构时只能另寻其他方向。例如，黄石曾依托丰富的矿产资源成为我国近代民族工业的摇篮。但是，随着资源的不断开采，黄石主要矿产资源储量不断减少，产量逐渐下降，供需矛盾日益加剧，严重制约了黄石制造业的发展。因此，黄石在进行产业重构时，考虑到自身资源禀赋条件，将发展方向转向大力发展新兴产业，把电子信息、生物医药、高端装备制造等产业作为主攻方向（陈祎淼，2016）。

2. 技术创新能力不强是产业衰退的根本原因

创新发展对产业影响日益加强，技术创新已经成为推动地区产业重构的重要力量。技术创新能力越强，成功利用新技术改造传统产业、培育形成新兴产业的可能性就越大，地区顺利实现产业重构的概率就越大。但是，我国衰退型制造业城市大多技术研发能力比较弱，自主创新能力不强，许多技术改造或产品创新依靠技术引进或模仿创新，缺乏核心技术和前沿技术。甚至衰退产业内的部分企业存在技术创新"搭便车"的思想和行为，严重削弱了企业的自主创新活力和市场适应能力（黄建康，2010）。衰退型制造业城市技术创新能力不足是其产业衰退的根本原因。衰退型制造业城市中相当一部分企业技术水平较为低下，技术进步缓慢，还主要围绕传统的劳动密集型、资源密集型产业发展，产品缺乏核心技术和核心竞争力，致使产品附加值不高，应对市场变化能力弱。高新技术产业发展滞后，以"原"字号、粗加工为主体的产业体系格局没有改变。甚至一些衰退型制造业城市在传统产业失去竞争优势的同时，新兴产业尚未培育起来，地区经济增长的动力出现了空档期，产业更替呈现断层现象。

衰退型制造业城市由于企业效益不佳，地区经济增长乏力，多数衰退型制造业城市研发投入过低，导致整体自主研发能力薄弱，新技术特别是突破性技术不多。新技术是培育新产品和新产业的基础，缺乏新技术导致产业结构的更新升级困难，制约了地区的技术创新水平和产业重构能力。例如，衰退型制造业城市集聚的东北地区，2016 年东北地区制造业研发经费投入仅占 GDP 的 1.27%，比全国平均水平低 0.84 个百分点，致使东北地区创新产出不足。2016 年，东北地区每万人专利授权量仅为 4.87 件，比全国平均水平低 7.82 件。山西晋中市 2017 年研发经费投入总量仅为 7.82 亿元，研发经费投入强度仅为 0.61%，低于山西省平均水平，更远低于 2.13% 的全国平均水平。受研发投入制约，2018 年晋中市专利授权量仅有 1528 件，全市高新技术企业仅有 140 家，战略新兴产业增长乏力，经济增长动能仍然主要依靠传统产业和第三产业，战略新兴产业对经济增长的贡献较低。

3. 人力资源不足影响地区产业结构高级化程度

人力资源作为一个外生于产业的变量，其数量和质量对产业成长具有举足轻重的作用。人力资源的数量是产业发展的基础，是制造业产业转型升级中重要的战略资源，影响产业发展的规模，而人力资源的质量则会影响地区产业结构高级化程度及产业重构能力。可以说，地区的比较优势在一定程度上取决于人力资源的数量和质量（代谦等，2006）。

在产业重构过程中，一方面，高层次人才是企业提升竞争实力的关键因素。新产业的形成要求地区劳动力拥有产业发展所需要的教育培训水平和技能知识。衰退型制造业城市由于经济发展失去活力，就业规模萎缩，使得高新技术人才的就业空间和未来发展空间受限，不仅本地的高层次人才外流现象严重，高精尖人才转移至沿海城市甚至国外，而且对外来人才的吸引和引进力度也大大降低，最终导致缺乏人才支撑的产业逐步走向衰退。据统计，近年来吉林省的高层次人才外流现象尤为显著，自 1993 年以后，每年外流人才数量都高于流入数量的 2 倍以上，大大制约了吉林省的经济发展速度（宋德玲等，2019）。人才资源主要通过影响知识积累、技术进步、生产水平等推动产业转型升级。衰退型制造业城市因缺乏充足的人才，使得企业无法快速创新，不能快速适应市场的变化，缺乏推动产业重构必要的人力支撑，使得产业水平滞留在低层次上，特别是因为缺乏高层次的人力严重制约了技术密集型产业的发展。另一方面，传统产业改造升级之后对原有产业工人的知识和技能也提出了新的要求，因此，城市能否提供相应新增或可转移的劳动力将直接决定新产业能否顺利发展和传统产业能否顺利实现升级改造。而我国衰退型制造业城市虽然拥有大量的劳动力，但是多集中于技术含量低的行业中，劳动力素质低下且专业化程度较高，转移至新兴产业相当困难且转移成本较高，成为制约区域衰退产业退出的主要障碍（黄建康，2010）。

4.2.3　制度锁定的制约作用

经济活动是特定社会和制度情景的产物（苗长虹，2007），经济制度通过影响资源配置来影响经济增长（郝寿义，2007）。区域制度文化影响着经济行为体的决策，从而导致地区经济增长存在差异（胡志丁等，2012）。在产业重构过程中，产业演化及路径突破的方向也受制度文化环境的深刻影响

（金璐璐等，2017）。一方面，衰退型制造业城市的产业衰退不仅仅是结构性因素的产物，而且在很大程度上与企业制度、市场管理体制等“制度性”因素密切相关（刘志彪，2000）；另一方面，产业重构的实现离不开政府的积极干预和行为引导，政府通过制定相应的财政、投资、税收等政策来推动衰退产业的调整和新产业的进入，实现地区的产业重构目标。

1. 制度锁定导致产业结构调整和创新受阻

地区的体制政策为衰退产业的调整提供环境与保障，衰退产业的退出与调整离不开中央和地方的支持性制度政策。但是，在衰退型制造业城市的衰退产业调整过程中，受政治经济体制等制度性因素影响，市场在资源配置中的决定性作用仍受束缚，市场准入和退出机制不健全，部分地方政府奉行“地方保护主义”，采取行政措施干预市场竞争，导致一些“僵尸企业”难以退出市场，影响落后产能淘汰，制约衰退产业的退出。此外，衰退型制造业城市现有制度也导致城市的创新受阻（赵建吉等，2019）。衰退型制造业城市的制度创新阻力要比其他地区大得多，科技资源配置过度行政化，制约了技术、资本以及劳动力等生产要素的自由流动和优化配置。

文化要素通过影响人们的思维方式和行为习惯进而影响企业的发展理念、管理决策、生产销售等行为。受浓重的计划经济体制影响，我国衰退型制造业城市的企业，尤其是一些国有大中型企业“等、靠、要”思想严重，发展积极性不高，严重制约了企业的内生能力。同时，由于政府重审批、轻监管，缺乏服务企业的意识，习惯于以行政命令来干预经济发展和运行方向，导致产业生产效率低下、市场秩序混乱、创新意识淡薄、地方保护主义思想严重，形成了恶劣的营商招商环境，严重制约了衰退型制造业城市产业重构的进程（裴沛，2019）。

2. 国有企业法人治理结构不规范导致企业发展活力不足

制度是影响企业经济行为的内生变量（周尚意等，2017），衰退型制造业城市在产业发展过程中都不同程度地存在国有企业活力不足、民营经济发展不充分、政府干预经济过度、市场化程度不高等问题。在国家相关政策的支持下，经过多年的努力，多数衰退型制造业城市以国有企业改革为核心的体制机制改革虽然取得了一定成效，但是大量历史遗留问题仍然未得到妥善解决，改革不到位、不深入等深层次问题依然突出。国有企业的产权改革严重滞后，改革中职工安置难、金融债务处理难、解决厂办大集体问题等方面

遗留了大量待解难题。并且，很多衰退型制造业城市中的国有大型企业占比很高，从大型企业占工业产值的比重看，大庆高达92.5%，攀枝花、葫芦岛、鞍山、白银等城市超过60%，太原、黄石、抚顺、吉林等城市超过50%。这种大型企业城市经济中占主要地位的特征不仅没有转化为衰退型制造业城市发展的优势，反而因为体制机制的原因，国家对这些涉及国家经济命脉的大型国企有着较高的控制权力，通过指令性计划干预企业的产品生产、技术升级和设备更新等，使得这些大型国企缺乏快速适应市场变化的自主权，大大降低了企业的发展活力。因为这种“制度锁定”，大型国企容易形成企业老、设备老、产品老、企业组织结构老的“四老”特征，造成国有经济发展活力不足、难以适应国际国内市场的巨大波动和变化。

3. 政府职能转变相对缓慢导致营商环境有待完善

政府是弥补市场失灵的重要手段，政府通过简政放权、规范市场秩序，提供公共服务等方式影响产业重构。但衰退型制造业城市的政府职能转变相对缓慢，政府主导经济、市场处于从属地位的局面并未发生根本性改观，造成国有经济发展活力不足，民营经济发展障碍重重，招商引资困难，难以适应国际国内市场的波动和变化。调查显示，2001～2011年在东北地区进行投资或经营的外地企业中，有66.4%的企业已离开东北地区或计划在未来5年内将离开东北地区，而在这些企业中有51.3%将其离开的原因归结于“当地政府以及相关政策”。而该数值在华北、西北、西南、华中、华东、华南等地区分别为40.1%、39.9%、38.6%、29.7%、18.9%、17.6%（刘晓光等，2016）。

4.2.4　国内外市场环境变化影响产业发展

产业竞争力理论认为产业兴衰实质是以需求存在为前提的，市场需求变化对产业兴衰具有重要影响。因自身产业特点的原因，衰退型制造业城市的产业更容易受到国内外市场需求的影响。

1. 国内市场需求变化导致传统行业面临产能过剩压力

市场需求萎缩是影响地区产业衰退的重要原因。随着我国由经济高速发展期转入结构调整期，传统的冶金、机械、化工、纺织等行业面临产能过剩的压力，衰退型制造业城市的产业很多都涉及这些过剩行业，化解产能和转型升级压力大。很多衰退型制造业城市的这些产业多属于低端制造和低成本型制造，产品的档次、技术含量不高，致使出现企业亏损和倒闭，产品销售量衰减，市场占有率下降，产业呈现衰退迹象。

2. 外贸和外资水平不高导致产业发展的外部推动力不足

全球化是当今社会的发展趋势，包括资本、商品、服务、劳动、信息以及人才等要素在全球范围内的扩散现象（宋金平等，2008）。国际贸易是推动产业发展的外原动力之一。纵观发达国家的产业发展经验可以发现，发达国家的产业之所以可以实现高速发展，一方面是因为国外廉价的原材料和劳动力降低了产业生产的成本，另一方面是因为通过资本、技术及产品的国际输出开拓了产业的国际市场，扩大了产业的市场需求。

对衰退型制造业城市来说，传统产业的外贸水平不高、国际市场需求不大是制约其发展的重要原因。国际贸易和引进外资是一个城市融入全球化的两个重要方面。随着地区经济一体化和贸易全球化，地区经济的发展越来越嵌入全球价值链体系中，国际贸易市场和外资市场对地区产业发展的影响越来越大，通过先进技术、知识、管理、资金等直接影响到一个地区相关产业的兴衰。在国际化日益深入的今天，很多城市的产业正加快融入全球价值链，通过扩大对外贸易和引进外资增强城市经济在国际上的竞争力。但是，邯郸、张家口、天水、安阳、白银、晋中、金昌、嘉峪关等衰退型制造业城市的对外开放度不高，国际贸易和利用外资有限，国际竞争力不足，使得产业发展的外部市场和推动力不足，大大制约了地方产业的发展。

4.2.5 城市主导产业衰退波及整个城市陷入困境

路径依赖产生“区域锁定”效应，上游资源枯竭、技术创新能力弱化和人力资源外流等比较优势的降低，国内外市场需求的变化，制度锁定导致产业结构调整和创新受阻等因素逐渐累积，致使城市主导产业逐渐进入衰退期，主导产业衰退又通过前后向联系波及整个城市经济呈现衰退趋势。

1. 衰退型制造业城市的主导产业多处于产业衰退期

产业生命周期是指产业从产生到完全退出社会经济活动所经历的所有阶

段。根据产业生命周期理论，产业发展都要经历萌芽期、成长期、成熟期和衰退期四个阶段。目前，判断产业生命周期所处阶段的主要指标是企业数量、产业投入产出和创新程度。20 世纪 50 年代发展起来的制造业城市，其技术、设备以及产品大多已经落后或面临被淘汰。尤其是改革开放之后经过 40 多年的发展，我国工业发展实现了从初级阶段向中级阶段的跨越，导致这些制造业产业的产品、技术均处于生命周期的衰退期。从几个主要指标来看，衰退型制造业城市很多原有主导产业呈现企业破产较多、产业研发投入减少，产品销售量逐渐降低。

2. 主导产业衰退通过前后向联系波及整个城市

衰退产业通过投入与产出关系与地区产业体系中的其他产业紧密相连，当地区经济中的某个单一产业发生衰退时，尤其是主导产业发生衰退时，会沿价值链通过产业的前后向联系波及地区的其他产业，导致地区经济增长陷入困境。在衰退型制造业城市中，主导产业多处于生命周期的衰退期，衰退的主导产业通过产品、劳务、技术、资金等媒介与地区产业体系中的其他产业相互联系，相互制约。主导产业发生衰退后，向主导产业输入或输出劳务与产品的相关产业也会相应面临市场缩减或投入不足等现象，导致相关产业产业规模缩减，产业利润下降，从而使得整个地区经济发生衰退。此外，按照产业结构演进规律，当地区主导产业发生衰退时，产业结构应向市场前景好、产业带动力强的新兴产业转换，从而实现地区产业的复兴。但是，在许多衰退型制造业城市中，当作为主导产业的制造业难以持续发展时，城市的替代产业发展规模仍然不足，难以带动地区经济的发展，使得地区产业结构转型升级受阻，制约了地区经济的增长。可以说，产业生命周期循环可以导致区域生命周期循环，当一个地区的主导产业步入生命周期的衰退期，通过产业关联效应会导致该地区也步入生命周期的衰退期，失去发展活力，丧失地区种种优势和竞争力。

按照区域生命周期的分析，在衰退型制造业城市发展的初始阶段，产业发展走在城市发展之前，并因而带动了城市经济总量的提高。但当主导产业逐渐进入衰退期之后，主导产业的衰退通过产业关联效应向前后向联系的产业部门辐射，导致整个城市的产业发展陷入困境。但是由于城市没有或没能及时转变主导产业的发展类型，没有新的有活力的主导产业来取代旧的失去竞争力的主导产业，带动地区经济发展，导致衰退型制造业城市在自身积累逐步耗尽后逐步陷入衰退的境地。

4.3 本章小结

本章在剖析我国衰退型制造业城市产业发展面临的主要问题的基础上，探讨其产业衰退机理，为提出我国衰退型制造业城市产业重构的模式与路径提供了基础。

（1）我国衰退型制造业城市产业发展主要面临以下问题：一是产品多处于价值链中低端，产业发展效益不高。长期以来，我国衰退型制造业城市的产业发展主要依靠要素投入和规模扩张来实现，产品附加值较低，多属于低端产品，市场需求不足，导致相关产业收益明显减少。二是创新能力不高，竞争力与带动力不足。衰退型制造业城市以企业为主体的创新体系尚不完善，关键材料与核心零部件主要依赖进口，自主创新能力弱，使得衰退型制造业城市的产业发展呈现更新换代能力不强、传统产业转型升级缓慢、接续替代产业发展不足、高技术产业发展滞后等特点，对地区经济增长带动力严重下降，导致地区经济整体竞争力不强。三是传统产业优势减退，新兴接替产业培育不足。衰退型制造业城市由于传统产业转型缓慢，新兴产业起步较晚，企业规模普遍较小，尚未形成配套齐全、功能完备的产业链，在国民经济中所占份额明显偏低，对地区经济增长和产业转型升级带动作用不够。四是结构调整缓慢，生产性服务业发展滞后。某些衰退型制造业城市的重工业在工业中的比重甚至不降反升，粗放型的经济发展方式没有得到明显改观。生产性服务业发展滞后，相对于制造业的发展还很不协调，不能与制造业形成良性互动，制约了制造业转型升级的进程。

（2）基于演化经济地理学理论、生命周期理论、比较优势理论、产业竞争理论等理论的观点，构建“路径依赖—比较优势弱化—制度锁定—国内外市场环境需求变化—主导产业衰退”“五位一体”的分析框架，对我国衰退型制造业城市产业衰退机理分析发现：我国衰退型制造业城市的产业衰退是内生性、外生性和体制机制性因素交互作用的结果，这些因素相互联系、相互作用、相互影响，致使城市制造业的内部矛盾不断积累，并在外部条件变化以及体制机制的影响下，竞争优势逐

渐消失直至衰退。

(3) 路径依赖产生的“区域锁定”效应致使产业调整缓慢。我国衰退型制造业城市的制造业发展对原有路径的“依赖性”要高于其他城市，内在机理是沉没成本、资产专用性和城市新生产能力积累弱等因素影响衰退产业的退出和新兴产业的形成，进而制约了衰退型制造业城市的产业重构路径。沉没成本和资产专用性阻碍了衰退产业的退出调整，尤其是我国很多衰退型制造业城市重化工业比重高，这种锁定更为明显，技术升级、设备更新和产品换代的难度大，应对市场变化的能力较低。

(4) 我国衰退型制造业城市原有的资源、技术、人才等比较优势不断弱化导致地区竞争力下降。很多衰退型制造业城市在形成和发展之初凭借自身优越的自然资源优势而兴起，上游资源一旦枯竭，下游制造业必然遭受打击。同时，城市又未能及时培育出新的支柱产业，导致整个城市经济步入衰退轨道。衰退型制造业城市技术创新能力不足是其产业衰退的根本原因。衰退型制造业城市中相当一部分还主要围绕传统的劳动密集型、资源密集型产业发展，高新技术产业发展滞后，以“原”字号、粗加工为主体的产业体系格局没有改变，已经出现产业更替断层。但由于企业效益不佳，地区经济增长乏力，多数衰退型制造业城市研发投入过低，导致整体自主研发能力薄弱，制约了地区的技术创新水平和产业重构能力。加上人才外流，缺乏人才支撑的产业逐步走向衰退。

(5) 在产业重构过程中，产业演化及路径突破的方向也受制度文化环境的深刻影响。制度锁定导致产业结构调整和创新受阻，国有企业法人治理结构不规范导致企业发展活力不足。很多衰退型制造业城市中的国有大型企业占比很高，多数衰退型制造业城市以国有企业改革为核心的体制机制改革还没到位，大量历史遗留问题仍然未得到妥善解决。政府职能转变相对缓慢，政府主导经济、市场处于从属地位的局面并未发生根本性改观，造成国有经济发展活力不足，民营经济发展障碍重重。

(6) 由于自身产业特点的原因，我国衰退型制造业城市的产业更容易受到国内外市场需求变化的影响。国内市场需求变化导致很多传统行业面临产能过剩压力，国际贸易和利用外资有限导致产业发展的外部推动力不足。

(7) 我国衰退型制造业城市的主导产业多处于产业衰退期，城市主导产业的衰退波及整个城市陷入困境。在衰退型制造业城市中，衰退的主导产业通过产业关联效应辐射至地区产业体系中的其他产业，导致整个地区经济发展陷入困境。同时，当主导产业难以持续发展时，替代产业发展规模仍然不足，难以带动地区经济发展，使得地区产业结构转型升级受阻，带动整个城市发展陷入困境。

第5章

衰退型制造业城市产业重构模式与路径

产业重构的模式是指衰退产业调整和新产业形成的具体方式，因此，产业重构既是衰退产业的调整过程，也是新产业的形成过程，衰退产业调整方式和新产业形成路径不同，城市产业重构的模式则不同。按照产业重构路径是否依赖于城市原有的产业基础，本书将衰退型制造业城市产业重构模式分为适应型产业重构、突破型产业重构和集成型产业重构三种类型。

5.1 适应型产业重构

适应型产业重构是指衰退型制造业城市在产业重构过程中继续发挥地区已有的比较优势，依赖原有产业基础重新整合地区资源要素，以构建新的地方产业体系。演化经济地理理论认为，新产业的形成不是凭空产生的，它在一定程度上植根于可以为其形成和发展提供相关知识和能力的地区生产体系，通过吸收和重组以前经济发展模式中遗留下来的资源、知识与技能促进自身的成长（赵建吉等，2019）。多数衰退型制造业城市都曾有辉煌的制造业发展历史，积累了较为雄厚的产业发展基础和较为完善的工业体系，制造技术和产品在国内具有不可替代的地位。适应型产业重构就是要利用这些现有的资源要素和产业基础，充分发挥衰退型制造业城市原有的比较优势，重新激发现有产业的发展活力。可以说，适应型产业重构是一种路径依赖型产业重构。

5.1.1 适应型产业重构的特征

适应型产业重构具有以下特征。

1. 对衰退产业的调整以技术改造为主，衰退产业并不完全退出地方产业体系

适应型产业重构并不是全盘推翻地方原有的产业体系，而是以现有产业体系为基础重塑地方产业体系。因此，适应型产业重构对衰退产业的调整大多采取技术改造模式，向衰退产业注入新技术或引入新产品，通过生产工艺升级和产品性能升级，促进衰退产业的升级创新，重新激发衰退产业的发展活力。

2. 重构中形成的新产业与本地在位优势产业关联紧密，尤其是技术关联度较高

在适应型产业重构中，衰退型制造业城市的新产业是在旧的产业环境中孕育而成的，在位产业为新产业的形成提供了各种资源要素、知识能力以及人力资源，并通过知识和技术溢出影响新产业的发展。因此，所形成的新产业与本地在位产业关联紧密，尤其存在较高的技术关联。

3. 适应型产业重构主要依靠市场调节的作用来完成，政府干预程度较低

适应型产业重构的完成主要依靠企业的技术创新来实现。企业作为技术创新的主体，无论是通过技术改造来刺激衰退产业恢复活力，还是通过技术创新来实现企业的转型发展，都是在市场调节的作用下完成的。同时，由于适应型产业重构不涉及产业的完全退出，因此不会涉及大规模的企业关闭和工人失业，在产业重构过程中不会引起社会大规模撤资与失业人员的迅速增加，且政府干预程度较低，在产业重构过程中主要起到战略引导和制度保障的作用。

5.1.2 适应型产业重构的路径

1. 衰退产业创新

衰退产业创新是指通过对衰退产业注入新技术来提升产业自身技术水平，促使衰退产业从低技术水平向高技术水平跃升的行为和过程。从这个意

义上来说，衰退产业的技术创新主要侧重于衰退产业技术水平的变化。因此，衰退产业创新主要包括衰退产业的技术改造、流程再造和产品创新（史忠良等，2004）。

（1）衰退产业的技术改造。衰退产业的技术改造是指采用先进技术对衰退产业生产的各个领域进行改造的行为和过程，包括利用先进技术对原有技术进行改造、利用先进工艺设备替代落后工艺设备等。技术改造可以促进先进技术、先进设备以及先进生产工艺的利用，推动衰退产业技术结构优化升级以及产品结构优化升级，从而改变衰退产业落后的技术经济面貌。衰退产业通过技术改造可以优化升级产业生产工艺和流程，改进产品质量与性能，提高产业的创新水平，推进衰退产业从低技术水平向高技术水平跃升。例如，20世纪90年代，美国曾以信息通信技术对化学、钢铁、汽车等产业进行了持续的技术改造，促使这些产业重新焕发了活力（王海兵，2018）。

（2）衰退产业的流程再造。衰退产业的流程再造是指应用新技术和新理念对衰退产业生产过程中的基本环节进行整合重建，以便在生产成本、生产效率和产品质量与性能方面得到显著改善，从而实现衰退产业的创新发展。历史上流程再造的典型案例是福特公司对汽车产业的流程再造。20世纪初，福特公司对汽车生产流水线进行了改造，称为福特制。福特制不仅引发了汽车产业的革命，而且还成为工业经济时代产业的基本组织制度。衰退产业流程再造本质上是新技术、新生产工艺、新设备、新组织形式以及新管理手段在衰退产业中的应用过程。技术创新只有通过流程的变革才能转化为生产力，并固化在产品中（陆国庆，2002）。流程再造是衰退产业创新的主要方式之一，不仅可以促进衰退产业内部分工的合理化，而且还可以通过改造生产流程中的薄弱环节，突破制约衰退产业发展的瓶颈，实现衰退产业整体效益的最大化。

（3）衰退产业的产品创新。衰退产业的产品创新方式有两种：一是采用新技术和新工艺改造衰退产业现有产品的质量和性能，使传统产品变成技术含量高的新型产品。衰退产业的产品一般处于成熟期或衰退期，产品功能不能满足市场需求，因此，在不淘汰原有产品的基础上，采用高新技术对其进行局部改进，以提高产品质量、改进产品功能或节约成本，从而重新获得市场优势。如将微电子技术应用于传统机械工业，使传统机械产品具有数控和智能化功能，从而重新激发了传统机械工业的活力。二是采用新技术新材料制造全新的产品和服务并使其商品化。从技术转化的角度来看，这是衰退产业应用科技创新成果并将其产品化、商业化的过程，有利于促进衰退产业产品结构的高端化、多元化，提高产业的市场生存能力。产品创新可以改变衰退产业产品结构单一、产品性能落后的不利状况，可以促进衰退产业产品的升级换代，更好地适应市场日趋复杂多样的需求，延长产业生命周期，重新获得增长动能。

2. 产业延伸

产业延伸是指衰退型制造业城市通过采取一系列措施促使衰退产业内的企业突破传统产业的界限，沿产业链向上下游相关产业扩张，从而形成新的产业群的过程。例如，当一个地区的钢铁产业出现衰退时，产业中的钢铁冶炼企业可以沿产业链向矿石开采、加工行业等上游产业扩张，或者向装备制造、物流运输等下游产业扩张，从而在衰退地区形成矿石加工业或装备制造业等新产业。

产业延伸是衰退型制造业城市产业重构的重要方式，这是因为当制造业城市的某一产业进入衰退期时，与产业价值链相关的其他环节或支持性产业并不一定会出现衰退，甚至还会出现较高的市场需求和利润，因此，衰退型制造业城市可以通过促进衰退产业中的企业沿产业链向这些相关产业延伸来实现新的发展。衰退产业的延伸是产业分化与重组的过程，不仅可以充分利用本地的比较优势和积累的产业基础，而且还可以通过企业在衰退产业中积累的生产、技术和管理方面的经验，使得新产业快速发展壮大并获得竞争力，促进城市的持续发展（高辉清，2014）。同时，产业延伸也是衰退产业与新兴产业结合的过程。衰退产业通过产业延伸可以延长自身的生命周期，挖掘新的利润来源，促进产业的升级与复兴。例如，兰州市通过传统产业的产业链延伸，在“十二五”期间构建形成了化工—精细化工—化工新材料产业链、金属冶炼—深加工产业链、煤电—冶金—建材产业链等 8 条循环经济产业链，不仅重新激发了兰州化工产业、金属冶炼产业等传统产业的发展活力，实现了产业结构由专业化向多元化的转变。

3. 产业融合

产业融合是指不同产业或同一产业的不同行业之间由于技术革新和放宽限制导致行业间的壁垒降低，使得原本两个相互独立的产业之间边界逐渐收缩或消失，并最终合成一体发展为新的产业形态的过程。对于衰退型制造业城市来说，产业融合就是要打破衰退产业与其他产业之间原有的框架，突破技术、产品和管理之间的条块分割，促进产业间的交叉与渗透，形成新的产业形态，打造全新的融合型产业体系。

产业融合的基础是产业间的高度关联，共同的技术基础是产业融合发生的前提。通常来说，技术的进步和限制的放宽首先导致产业间的技术融合，继而推动产业的产品和业务发生变化，形成产品与业务融合，最终通过改变两个产业内企业间的竞争与合作关系和市场需求变化，形成市场融合，并最终构建起新的产业界限。

产业融合是衰退型制造业城市促进衰退产业转型，重构地区产业体系的重要途径。产业融合不仅可以提高衰退产业的技术水平，孕育出新产品新业态，重塑产业的竞争优势，而且可以改变地区产业间的竞争与合作状态，促进衰退产业向新兴产业过渡，重构地区产业体系，实现地区经济的跳跃式发展。在衰退型制造业城市中，产业融合主要有两种方式：一是通过高新技术向衰退产业渗透，形成新的业态。例如，徐州通过大力推进人工智能、互联网技术、环保技术等先进技术的应用，使得工程机械、太阳能光伏、食品加工等优势产业重新获得了竞争优势，促进了徐州市产业转型和经济发展。二是通过产业交叉形成新的产业，如通过制造业和服务业的交叉形成生产性服务业。近年来，我国生产性服务业发展迅速。盐城市在重构地区产业过程中大力发展信息技术、现代物流、金融服务及咨询服务等生产性服务业，大大促进了全市经济的发展。2015 年，盐城市生产性服务业占全市 GDP 的 16.7%，比 2010 年增加了 3.3 个百分点，对全市服务业增长的贡献率达到 41.9%。

4. 产业分叉

产业分叉（regional branching）是国外学者基于相关多样性和技术关联的概念提出来的（刘志高等，2018）。布施曼等（2011）认为，产业分叉是区域中新的产品种类或产业类型从与其具有技术关联的相关产业中产生的过程。赵建吉等（2019）认为当各个产业部门的知识和能力汇聚到一起就会促使新的产业从现有产业中涌现出来，形成区域产业分叉。技术关联是产业分叉形成的前提条件，产业之间的知识溢出是产业分叉形成的主要动因，企业自身的衍生是产业分叉的主要形式，技术创新是推动产业分叉形成的内在力量。

产业分叉是催生新产业、新业态和新模式的重要途径，也是衰退型制造业城市重构地区产业，实现地区转型发展的重要方式。研究表明，旧产业部门可以催生新产业部门，新产业部门中源自关联产业的企业存活率会更高（Klepper，2007）。通过产业分叉从衰退产业中衍生出来的新产业不仅可以最大化地利用原有的产业基础和各种资源，保障新产业的顺利成长，而且可以提升原有产业的技术水平与层次，促进地区产业结构的多样化，提高地区的抗风险能力。例如，河南省长垣县的起重产业作为该县的第一支柱产业，在经历成长与兴盛之后，发展遇到瓶颈，严重影响了长垣县的经济增长，急需转型。长垣县基于技术上的关联性，通过资源重新配置和拓展核心技术，促进起重产业向以汽车零部件制造业为主的特色装备制造产业分叉，大力发展特种汽车、立体车库、汽车零部件等新产品，实现了由起重产业向特色装备制造业的转型（刘丽，2018）。

5.1.3 适应型产业重构的适用地区类型

林毅夫（2005）指出，只有发挥地区比较优势才能形成竞争优势，进而才能实现地区的可持续发展。适应型产业重构是一种内源式重构，是以原有产业体系为基础对地区各种资源要素进行重新整合或者利用产业间的技术关联培育发展新产业，构建适应地区发展的现代产业体系。适应型产业重构可以充分发挥地区比较优势，调动已有的各种资源要素，重塑地区竞争优势。同时，由于不涉及衰退产业的完全退出，因此不会导致大批企业关停并转或失业人员激增，容易获得企业和工人的支持，实施难度较小，风险较低。

适应型产业重构模式适合处于衰退初期的制造业城市。这是因为，在衰退初期，制造业城市的产业尚具有一定的规模和发展活力，各种资源要素仍集中在产业内，可以为产业延伸或产业融合等提供基础和条件。同时，处于衰退初期的制造业城市尚具有一定的技术创新能力，现有的产业技术也尚未被淘汰，可以为产业技术创新和产品创新提供支持。此外，在衰退初期，产业的产品市场需求虽在萎缩，但是仍占据一定的市场份额，容易通过质量提升和性能扩展培育新的客户群，重新激活产业的发展活力。

5.2 突破型产业重构

突破型产业重构是指衰退型制造业城市在产业重构过程中摒弃原有的产业基础，突破原有的经济发展路径，构建全新的不依赖于原有资源和比较优势的地方产业体系。新兴经济体的产业发展常常表现出路径突破的特征，全球或国家层面的技术革新、刺激性政策等外生力量为区域产业发展实现路径突破提供了机会（贺灿飞，2018）。衰退型制造业城市产生的根本原因在于作为本地区主导产业的制造业发展遇到瓶颈，导致地区经济增长停滞甚至衰退。衰退型制造业城市的产业通常以传统产业为主，产品多处于中低端，市场需求不足，技术创新能力差，缺乏核心技术，劳动生产率低下。因此，依赖于原有产业基础和比较优势的产业重构方式容易导致衰退型制造业城市陷入“低端锁定”状态，虽然可以一时扭转衰退趋势，但是难以实现长期、可持续发展。突破型产业重构是借助外生力量打破对原有路径的依赖，是在产业重构过程中对原有发展路径“有意识的偏离”，通过衰退产业的完全退出和培育全新的替代产业实现产业体系的完全更新，从而促进地区经济转型和多样化发展。

5.2.1　突破型产业重构的特征

突破型产业重构具有以下特征。

1. 衰退产业完全退出地方产业体系，地区经济发展偏离原有发展路径

突破型产业重构对衰退产业的调整以产业退出为主，通过对衰退产业中的企业关停并转促进衰退产业完全退出地区产业体系，促使地区经济发展偏离原有发展路径，突破衰退产业对地区经济发展的低端锁定，实现地区经济创新发展。

2. 新产业的形成不依赖于本地原有产业基础，与在位优势产业技术关联度低

突破型产业重构不再依赖于原有的产业基础，而是通过产业创造或产业移植等方式引入全新的产业，培育新的经济增长点。因此，原有产业的各种

资源要素以及知识能力难以迁移到新产业中，新产业的形成通常依赖于新技术的产业化或产业移植来实现，通常与城市原有产业技术关联较弱。

3. 政府干预是推动突破型产业重构的重要力量

突破型产业重构是一种外生型产业重构，通常需要依靠外部力量打破城市经济发展的路径锁定。在突破型产业重构过程中，政府干预可以通过政策制定和政府补贴等外部力量促进衰退产业的退出和新产业的导入，推动产业重构的进程，为地区经济发展提供新的机遇。

5.2.2 突破型产业重构的路径

1. 衰退产业退出

衰退产业退出是衰退型制造业城市实现地区产业重构的重要方式。产业的退出与进入均为地区突破经济发展原有路径的载体（Martin et al.，2006），原有产业的退出可以推动地区产业发展实现路径突破（金璐璐等，2017）。衰退产业由于技术进步缓慢、产品需求下降、产业效益降低甚至亏损严重，对地区经济发展造成了严重影响，因此必须鼓励衰退产业适时退出，促进衰退产业所占有的资源要素向新产业流动，才能使地区资源得到有效配置，实现资源效益的最大化。目前，衰退产业的退出主要有全行业退出和产业区位转移两种方式。

（1）全行业退出。全行业退出是衰退产业完全退出市场的一种方式。有些衰退产业中的大部分企业长期处于亏损状态，产品市场需求严重萎缩甚至已被新兴产品替代，技术水平极其落后，甚至在生产过程中产生了高能耗、高污染，对社会环境造成了严重损害。对于这种产品和产能已被淘汰的衰退产业，应采取果断措施快速退出市场，将产业所占用的土地、资金、人才等社会资源让渡给新兴产业。

（2）产业区位转移。产业区位转移是指利用经济势差，促使某些衰退产业从本地区退出并转移至其他地区发展。我国幅员辽阔，区域间的资源禀赋差异巨大，因此，在一个地区内失去比较优势走向衰退的产业可能会在其他地区寻得发展空间。因此，对一些尚有一定市场需求但在本地已经衰退的产业，可以转往具有该产业发展所需资源要素优势的其他地区发展。例如，有些发达国家将本国的低端制造业转移至东南亚、非洲或中东等地区，利用当地廉价的劳动力和土地资源降低生产成本，使产业重新获得发展活力。

2. 产业创造

产业创造是指通过技术创新和产品发明创造全新的产业的过程。技术创新是产业创造的前提条件，产业创造实质上是技术创新的产业化。技术创新可以重新整合地区生产要素，通过提供新产品新服务来创造新需求，从而推动新产业的形成和发展。历史上产业创造的案例并不少，如蒸汽机、电灯、电话、计算机等的发明都促进了相关产业的形成和发展。对衰退型制造业城市来说，通过技术创新创造全新的产业是促进城市重构产业体系、扭转衰退趋势的机会窗口。衰退型制造业城市形成的主要原因是地区产业失去竞争力，市场需求严重萎缩，生产能力大量闲置，从而导致地区经济增长乏力甚至停滞。而新产品通常可以激发新的市场需求，形成新的产业群，从而带动地区经济的增长。

3. 产业移植

产业移植是指衰退型制造业城市采取一系列措施从其他地区引进发展前景较好的新兴产业或成熟产业，促进这些产业在本地的发展壮大，从而实现地区产业重构的一种方式。衰退型制造业城市的产业移植主要依靠政府的战略引导和政策扶持等外部力量来实现，是一种典型的外生型产业重构方式。产业移植通常有两种方式：一是通过与其他地区的政府或企业合作，选取适合本地发展且前景较好的新兴产业进行引进。二是承接从其他地区尤其是发达地区转移出来的成熟产业。由于衰退型制造业城市所移植的产业主要是新兴产业或发达地区的成熟产业，拥有先进的技术和管理经验，具有较大的发展潜力，因此有利于衰退型制造业城市开拓新的市场，形成新的增长点，打造新的竞争优势。例如，2013～2017年，重庆市从发达国家和地区引进高端铝材、节能建材等新材料产业重点项目22个，投资总额达1988亿元；同时成功引进广州数控机器人、川崎机器人等150余家机器人和智能装备制造企业，促进了重庆市新材料产业和智能装备制造产业的蓬勃发展，使这座典型的制造业城市重新焕发了生机。

需要指出的是，衰退型制造业城市产业移植的范围并不局限于引进或承接制造行业，也包括文化创意产业、现代物流业、会展等现代服务业。享有世界“创意之都”的伦敦就是典型通过发展文化创意产业实现城市产业重构的案例。20世纪60年代起，伦敦市的钢铁、重型机械、印刷、家具等传统产业开始走向衰退，使得整个伦敦的经济发展迟滞。20 世纪 90 年代以后，伦敦市开始发展文化创意产业，进入 21 世纪，文化创意产业已成为伦敦重要的经济支柱和核心产业，成为伦敦吸纳就业人员最多的产业之一，带动了整个城市经济的复兴。

5.2.3　突破型产业重构的适用地区类型

地区产业演化是一个“创造性破坏”的过程（Schumpeter，1939），衰退产业的退出和新产业的进入都会打破原有的生产结构从而实现发展路径的突破。突破型产业重构通过产业退出剥离衰退产业所占用的要素资源，为衰退型制造业重新打造竞争优势提供更广阔的空间。同时，通过新产业的进入带来新的技术和资源，构建新的竞争优势和全新的地区产业体系，从而摆脱对原有资源和基础的依赖，因此突破型产业重构是最彻底的一种产业更替和重构模式。

突破型产业重构模式适合已进入严重衰退状态的制造业城市。这是因为，进入严重衰退状态的制造业城市的产业发展已完全失去活力，产业技术和产品也面临淘汰和被替代，已无法通过技术创新对产业进行改造或延伸实现复兴。因此，步入严重衰退状态的制造业城市只能摒弃原有的产业基础和发展路径，寻找新的发展机会，通过导入新的产业重构地方产业体系。

此外，突破型产业重构模式也适合创新资源丰富的衰退型制造业城市。突破型产业重构的实现离不开技术和人才的支撑，构建具有竞争力的地方产业体系更需要智力、专业技能等社会资源的支撑而非依赖于原有的自然资源。拥有丰富创新资源的衰退型制造业城市可以更好地为产业重构提供智力和技能支撑，因此，尽管未进入严重的衰退期，但仍可以选择突破型产业重构模式构建现代产业体系，实现地区经济的跨越式发展。

5.3　集成型产业重构

集成型产业重构是综合了适应型产业重构和突破型产业重构两种模式的复合型产业重构模式。地区产业体系是多个产业共同演化的结果，因此很难

通过单一的模式或路径实现地区的产业重构。集成型产业重构集合了适应型产业重构和突破型产业重构两种模式的优点：一方面，集成型产业重构依赖现有产业基础和比较优势，通过对地区资源要素的重组促进传统产业的升级与转型；另一方面，集成型产业重构通过技术创新、产业移植等方式培育地区新的经济增长点，促使衰退型制造业城市突破其原有的发展路径，实现地区经济的跃迁。

5.3.1　集成型产业重构的特征

集成型产业重构具有以下特征。

1. 产业重构的路径呈现多样化

集成型产业重构模式下对衰退产业的调整和新产业的形成均呈现多种路径。在衰退产业调整方面，通过企业关停并转、资产重组等多种方式促使衰退严重、高能耗、高污染产业退出本地市场，同时对尚有一定发展活力和市场需求的衰退产业进行技术改造和产品创新，延长衰退产业的生命周期。在新产业形成方面，一方面依托现有资源优势和产业基础，通过产业延伸和产业融合等多种方式促进相关产业的形成与发展；另一方面，通过促进技术进步推动产业创新和创造，提升产业结构的高级化。同时，还通过承接发达地区的产业转移或引进战略新兴产业促进地区产业多元化发展。

2. 适度依赖现有产业基础和资源要素，逐步实现发展路径的突破

集成型产业重构既不摒弃现有的产业基础和比较优势，也不完全依赖已形成的发展路径，而是适度依赖现有产业基础和资源要素，逐步实现发展路径的突破。集成型产业重构在发展新产业时充分利用现有的产业基础，通过重新组合现有的资源要素再造产业新优势，或是利用产业间的关联培育发展新产业，形成内源式的新产业发展路径。同时，集成型产业重构对原有发展路径的突破并不是一蹴而就的，而是通过与外部力量合作，培育发展本地尚无产业基础的新产业，通过外嵌式的新产业发展路径逐步实现地区原有发展路径的突破。

3. 内外生力量共同推动产业重构的完成

地区经济的发展本质是一个技术演变的过程，技术创新是推动集成型产

业重构的内生动力。集成型产业重构中衰退产业的调整和新产业的形成都离不开技术创新。企业的技术创新是衰退产业创新和产业创造的前提条件，也是影响地区能否实现路径突破的重要因素。同时，集成型产业重构中对原有发展路径的突破需要借助外部的力量，尤其是政府的力量。在衰退产业退出和产业移植等过程中，政府的政策引导、制度保障、资金补贴等极大地推动了集成型产业重构的进程。因此，集成型产业重构需要政企有效配合，在内外生力量共同作用下完成。

5.3.2 集成型产业重构的路径

衰退型制造业城市进行集成型产业重构，一是可以采取企业关停并转、资产重组、技术改造等多种方式对衰退产业进行分类调整，遏制产业的衰退趋势；二是以产业间的技术关联为基础促进衰退产业向相关产业延伸，拓宽衰退产业的产业链，加快衰退产业与新兴产业的融合，大力发展接续产业，实现地区经济的平稳转型；三是通过发展与现有产业技术关联程度弱但是拥有高精尖技术和良好发展前景的新兴产业，培育新的经济增长点，逐步实现地区产业体系的彻底重构。

值得注意的是，尽管集成型产业重构是多种重构路径的组合，但并不是每个衰退型制造业城市都会采用所有的路径进行产业重构。这是因为各个城市产业衰退程度不同，产业基础和技术创新能力也不尽相同，因此可以选择的重构路径也各不相同。衰退型制造业城市在进行产业重构时必须因地制宜，扬长避短，结合地区的区位、资源、技术、人才等优势，选择有利于重塑地区竞争优势的重构路径，实现资源的最优化配置，促进产业的多元化发展和地区经济的复兴。

5.3.3 集成型产业重构的适用地区类型

适应型产业重构的实现依赖于原有产业基础和资源要素禀赋，具有路径依赖的典型特征，容易使地区经济的未来发展陷入路径锁定，影响地区的持久繁荣。而突破型产业重构由于涉及产业的完全退出和区位转移，容易导致大量的企业倒闭和人员失业，引发社会动荡。同时，由于突破型产业重构完

全摒弃了原有的产业基础，通过创造或移植新产业实现地区产业的彻底更替，新产业的形成与发展容易受到技术、人才、资源等要素的制约，产业重构实施难度较大，极易导致地区发生产业断档风险，加重地区经济的衰退趋势。集成型产业重构集成了这两种重构模式的优点，实现了二者之间的优势互补，不仅可以通过对衰退产业改造创新、发展关联产业来规避衰退型制造业城市产业重构中的断档风险，而且还可以通过产业创造和产业移植打破原有发展路径的锁定，促进产业的多元化发展，重新发掘和确立地区发展的新优势，实现经济发展的跃升。可以说，集成型产业重构是衰退型制造业城市进行产业重构的最优选择。

集成型产业重构适合大多数衰退型制造业城市，多数衰退型制造业城市产业重构都是采用集成模式。例如，2003 年十堰市龙头企业东风汽车公司总部搬迁至武汉之后，作为十堰市主导产业的汽车产业发展遭遇瓶颈，也严重影响了十堰市地区经济的增长。对此，十堰市通过产业延伸与东风汽车公司联手打造了商用车基地，吸引了大批商用车零部件企业入驻，形成了完整的商用车产业链，成为全球最大的商用车制造基地之一。同时，积极承接东部产业转移，引进产业转移项目超过 1000 个，培育形成了水电开发、农产品加工、生物医药和食品饮料等多个优势新产业。通过综合采用多种产业重构路径调整衰退产业和引进新产业，十堰市成功实现了产业结构的多元化，促进了城市经济振兴发展。

5.4　我国衰退型制造业城市分类与产业重构模式路径

根据不同的分类标准划分的衰退型制造业城市的类型不一样。按总量指标历史增长趋势可以分为绝对衰退和相对衰退；按照主导产业的数量划分，可分为单一型衰退型制造业城市和复合型衰退型制造业城市（黄征学等，2018）。本书从衰退型制造业城市重构潜力的角度对城市进行分类，有助于我国衰退型制造业城市更好地选择产业重构模式和路径。

5.4.1 城市类型划分方法

本书参考王成金等（2013）对中国老工业城市发展状态的评价方法，构建二维象限对衰退型制造业城市进行类型划分。

（1）横轴指标 Index Ⅰ——衰退程度系数：地区 GDP 占全国 GDP 比重的变化。地区 GDP 占全国 GDP 比重的变化是衡量地区经济发展状态的核心指标，地区 GDP 比重的提高或降低速度代表着地区经济衰退的趋势与速度。本书采用该指标来衡量地区经济的衰退程度，具体来说，采用 2016 年和 2001 年地区 GDP 占全国的比重的差额进行评价，其差额的“增长”或“降低”反映了衰退型制造业城市经济发展状态的“提升”或“滞后”。

（2）纵轴指标 Index Ⅱ——地区专利授权量占全国专利授权量比重的变化。专利数量反映了地区的区域创新能力，也能从一定程度上反映地区经济发展的后劲和动力，而且是可比较、可量化的。国内专利数据来自国家专利局的专利数据库，具体来说，采用 2016 年和 2001 年地区专利授权量占全国比重的差额进行评价，其差额的“增长”或“降低”反映了衰退型制造业城市创新能力和经济发展动力的“提升”或“滞后”。

5.4.2 我国衰退型制造业城市的分类

根据以上方法，可以将我国衰退型制造业城市划分为 4 种类型（见图 5－1）。

（1）象限Ⅰ：转型提高类，Index Ⅰ >0，Index Ⅱ >0。经济发展速度快于全国，且城市创新能力在提升，发展动力在增加。这说明该类城市处于“转衰为盛”的过程中。

（2）象限Ⅱ：衰退发展类，Index Ⅰ <0，Index Ⅱ >0。经济发展速度慢于全国，但城市创新能力在提升，城市发展动力在增加。这说明该类城市衰退趋势在增强，但城市发展动力在提升，城市发展后劲较强，产业重构能力较强。

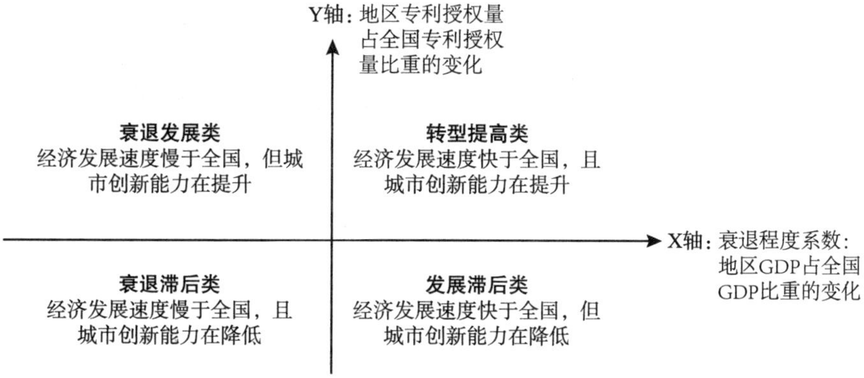

Y轴：地区专利授权量占全国专利授权量比重的变化

衰退发展类
经济发展速度慢于全国，但城市创新能力在提升

转型提高类
经济发展速度快于全国，且城市创新能力在提升

X轴：衰退程度系数：地区GDP占全国GDP比重的变化

衰退滞后类
经济发展速度慢于全国，且城市创新能力在降低

发展滞后类
经济发展速度快于全国，但城市创新能力在降低

图5－1　基于二维象限法的衰退型制造业城市分类

（3）象限Ⅲ：衰退滞后类，IndexⅠ＜0，IndexⅡ＜0。经济发展速度慢于全国，且城市创新能力在降低，城市发展动力在减弱。这说明该类城市不仅城市发展的综合效益在弱化，而且后续发展动力不足，产业重构能力较弱，地区经济发展风险较大，是转型发展的困难地区。

（4）象限Ⅳ：发展滞后类，IndexⅠ＞0，IndexⅡ＜0。经济发展速度快于全国，但城市创新能力在降低，城市发展动力在减弱。这说明该类城市依然遵循之前的发展惯性，经济发展处于相对衰退状态，但是城市发展的动力有所下滑，后劲不足，未来衰退趋势增强的可能性较大。

根据前面对2001～2016年期间我国衰退型制造业城市的识别结果，利用二维象限法来划分我国衰退型制造业城市，结果显示：我国衰退型制造业城市大多属于衰退滞后类，共有25个，这从侧面说明我国衰退型制造业城市大多面临转型发展困难，急需通过产业重构重新激发地区发展活力（见图5－2）。在我国46个衰退型制造业城市中，只有长治、蚌埠、马鞍山、铜陵、三明、枣庄、柳州、攀枝花、曲靖、嘉峪关10个城市属于转型提高类城市，不仅创新能力在提升，而且发展动力也在增加，处于“转衰为盛”过程中；衰退发展类城市只有6个，即太原、朝阳、安阳、鄂州、乐山、天水，这些城市的发展动力在提升，具有较强的产业重构潜力；晋中、运城、韶关、金昌、白银5个城市属于发展滞后类城市，这些城市的地区GDP占全国的比重尽管在提升，但是发展后劲不足，若不提早通过产业重构培育接替产业，易在未来发展中陷入困境（见图5－3）。

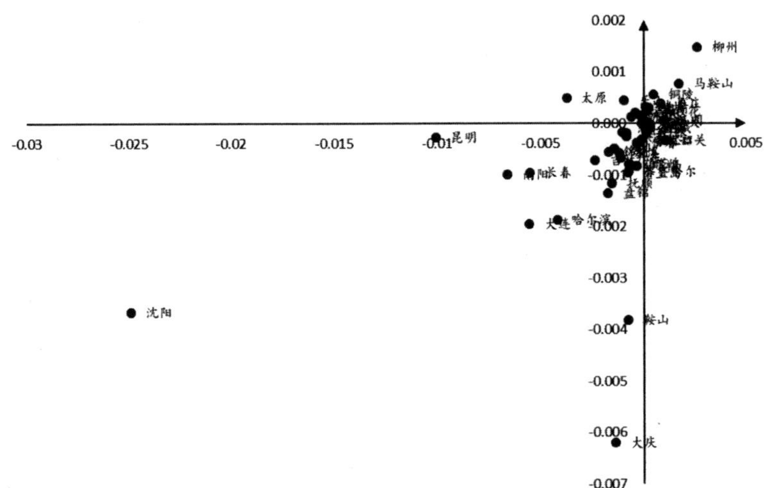

图 5-2 我国衰退型制造业城市在二维象限中的分布

衰退发展类 太原、朝阳、安阳、鄂州、乐山、天水	**转型提高类** 长治、蚌埠、马鞍山、铜陵、三明、枣庄、柳州、攀枝花、曲靖、嘉峪关
衰退滞后类 唐山、秦皇岛、邯郸、张家口、沈阳、大连、鞍山、抚顺、本溪、丹东、锦州、营口、盘锦、葫芦岛、长春、吉林、哈尔滨、齐齐哈尔、大庆、伊春、莱芜、南阳、黄石、昆明、吴忠	**发展滞后类** 晋中、运城、韶关、金昌、白银

图 5-3 我国衰退型制造业城市的类型划分

5.4.3 不同类型城市产业重构的模式与路径

尽管目前大多数衰退型制造业城市在产业重构过程中选择的是集成型产业重构模式，但是根据城市经济的衰退程度和创新能力不同，城市的产业重构模式及路径选择的重点也不同（见表 5-1）。只有根据自身发展状态，因地制宜，选择合适的产业重构模式和路径，才能顺利扭转城市的衰退趋势，实现地区经济的转型发展。

表5-1　　我国衰退型制造业城市产业重构模式与路径

城市类型	特点	产业重构模式	产业重构路径
转型提高类城市	发展趋势较好；创新能力较强；发展后劲充足	集成型产业重构	衰退产业：完全退出市场、区位转移、产业创新 新产业：通过产业延伸、产业融合引进和发展技术关联紧密的相关产业；通过产业创造、产业分叉等方式培育全新产业
衰退发展类城市	衰退程度不断加重；创新能力在不断提升	突破型产业重构	衰退产业：完全退出市场、产业区位转移 新产业：通过产业创造或产业移植等方式引入或培育与现有产业技术关联较弱的相关产业
衰退滞后类城市	衰退趋势不断增强；技术创新能力弱；产业重构基础薄弱	集成型产业重构	衰退产业：产业创新 新产业：通过产业延伸、产业融合及产业移植等方式发展技术关联比较紧密的相关产业；通过产业移植、产业创造等方式培育与现有产业技术关联较弱的相关产业
发展滞后类城市	经济发展势头向好；技术创新能力比较弱	适应型产业重构	衰退产业：产业创新 新产业：通过产业延伸、产业融合及产业分叉等方式培育和发展与现有产业技术关联紧密的相关产业

1. 转型提高类城市

转型提高类城市是衰退型制造业城市中发展趋势较好、发展潜力较高的一类城市，此类城市不仅在全国的经济地位有所提高，而且拥有较强的创新能力，发展后劲充足，具有较好的产业重构基础。该类城市经济发展趋向较好地说明了城市在现有产业发展路径中充分发挥了地区的比较优势，逐渐形成了新的竞争优势，但是该类城市依然属于衰退型制造业城市，说明该类城市的主导产业仍然处于衰退状态。因此，尽管目前该类城市发展形势向好，但仅仅沿着现有的产业发展路径进行产业重构容易使城市发展陷入路径依赖，不利于此类城市实现可持续发展。该类城市可以选择集成型产业重构模式，依赖现有产业基础，充分发挥城市的创新能力，构建新的产业体系。在实现路径上，一方面，对衰退产业进行分类，对于产业效益低下、市场萎缩严重的衰退产业，应积极推动其完全退出市场或转移至其他地区；对技术落后但尚有一定市场需求的衰退产业要以调整改造为主，向衰退产业注入新技术或引入新产品，通过生产工艺升级和产品性能升级，促进衰退产业的升级创新，重新激发衰退产业的发展活力。另一方面，以现有产业为基础，选择技术关联紧密的相关产业进行产业延伸，促进现有产业与互联网、服务业等的融合，引进和培育新兴产业。同时，充分发挥城市的技术创新能力，通过产业创造、产业分叉等方式培育新的经济增长点，促进地区经济实现跨越式发展，彻底扭转城市的经济衰退趋势。

2. 衰退发展类城市

衰退发展类城市的 GDP 在全国比重呈现降低趋势，说明该类城市的衰退程度在不断加重，现有产业发展路径无法带动全市经济的向好发展，急需转型。但是，该类城市创新能力在不断提升，为地区突破现有发展路径、构建新的产业体系提供了支撑。因此，此类城市可以选择突破型产业重构模式，以技术创新为支撑，最大限度地偏离地区现有的比较优势和产业基础，综合自身区位、资源、技术、人才等基础，培育新的经济增长点，实现地区经济的跨越式发展。在实现路径上，此类城市应积极引导衰退产业完全退出市场或向区外转移，促进衰退产业内的资源要素向新兴产业流动，同时选择与现有产业技术关联较弱的相关产业，通过产业创造或产业移植等方式引入地方产业体系，实现地方产业的彻底更替和重构，促进地区经济的复兴与发展。

3. 衰退滞后类城市

衰退滞后类城市是衰退型制造业城市中转型最困难的类型，不仅衰退趋势在不断增强，而且技术创新能力弱，实施产业重构的基础薄弱。一方面，现有产业发展路径已经严重制约了该类城市的经济增长，急需通过打破原有的生产结构实现发展路径的突破，从而摆脱对原有资源和基础的依赖，实现地区经济的转型发展；另一方面，该类城市的技术创新能力又比较弱，无法为城市实现跨越式发展提供应有的智力和技能支撑，因此，贸然摒弃现有发展基础、构建全新的产业体系容易使城市发展陷入更深的困境。因此，本书认为此类城市应选择集成型产业重构，一方面，对衰退产业进行技术改造，促进现有产业的升级，延长现有产业的生命周期，延缓衰退产业退出现有产业体系的进程，为地区接替产业的培育和发展争取时间；另一方面，基于现有产业基础选择技术关联比较紧密的相关产业，通过产业延伸、产业融合及产业移植等方式，促进地区接续产业的发展，促进地区经济发展实现渐进式转型。同时，大力引进先进技术和人才，通过产业移植、产业创造等方式培

育新的经济增长点，促进地区经济发展的全面转型。

4. 发展滞后类城市

发展滞后类城市的GDP在全国的比重不断提升，说明该类城市的经济发展势头向好，现有产业仍在带动全市经济的增长，地区经济衰退处于相对衰退状态，但是此类城市的技术创新能力比较弱，培育和形成新产业的能力不强，在一定程度上限制了城市的产业重构能力。因此，此类城市应选择适应型产业重构模式，依赖于现有的产业基础和资源禀赋，继续发挥现有的比较优势，重新激活地区经济的增长活力。从实现路径上，可以通过引进先进的技术和管理流程，促进衰退产业从低技术水平向高技术水平跃升，提高衰退产业的整体效益。同时，改进现有产品的质量与性能，促进衰退产业中新产品的技术研发和成果转化，实现衰退产业产品结构的高端化、多元化，提高衰退产业的市场生存能力。此外，以现有产业为基础，通过产业延伸、产业融合及产业分叉等方式培育和发展与现有产业技术关联紧密的新兴产业，促进地区比较优势的逐步迁移，重塑衰退型制造业城市的竞争优势。

5.5 本章小结

本章分析的衰退型制造业城市的产业重构分为适应型产业重构、突破型产业重构和集成型产业重构三种模式，通过分析不同模式的特征和实现路径，指出了不同模式适用的地区类型，并从重构潜力的角度对我国衰退型制造业城市进行分类，提出不同类型城市产业重构的模式与路径。主要结论如下：

第一，适应型产业重构是指衰退型制造业城市在产业重构过程中继续发挥地区已有的比较优势，依赖原有产业基础重新整合地区资源要素，以构建新的地方产业体系。适应型产业重构对衰退产业的调整以技术改造为主，衰退产业并不完全退出地方产业体系；重构中形成的新产业与本地在位优势产业关联紧密，尤其是技术关联度较高。同时，适应型产业重构主要依靠市场调节的作用来完成，政府干预程度较低。适应型产业重构的实现路径主要包括衰退产业创新、产业延伸、产业融合、产业分叉等。其中，衰退产业创新包括对衰退产业的技术改造、流程再造和产品创新。适应型产业重构是一种内源式重构，主要适合处于衰退初期的制造业城市。

第二，突破型产业重构是指衰退型制造业城市在产业重构过程中摒弃原有的产业基础，突破原有的经济发展路径，构建全新的不依赖于原有资源和比较优势的地方产业体系。突破型产业重构中衰退产业完全退出地方产业体系，地区经济发展偏离原有发展路径；新产业的形成不依赖于本地原有产业基础，与在位优势产业技术关联度低；政府干预有利于促进衰退产业的退出和新产业的导入，推动产业重构的进程，为地区经济发展提供新的机遇。突破型产业重构的实现路径主要包括衰退产业退出、产业创造和产业移植。其中，衰退产业退出包括全行业退出和产业区位转移。突破型产业重构模式适合已进入严重衰退状态的制造业城市或创新资源丰富的衰退型制造业城市。

第三，集成型产业重构是综合了适应型产业重构和突破型产业重构两种模式的复合型产业重构模式，集合了适应型产业重构和突破型产业重构两种模式的优点，既依赖于现有产业基础和比较优势发展接续产业，又通过技术创新、产业移植等方式培育地区新的经济增长点，适度依赖现有产业基础和资源要素，逐步实现发展路径的突破。集成型产业重构的实现路径呈现多样化，需要政企有效配合，在内外生力量共同作用下完成。集成型产业重构适合大多数衰退型制造业城市。多数衰退型制造业城市产业重构都是采用集成模式。衰退型制造业城市在进行产业重构时必须因地制宜，扬长避短，选择适合自身发展的重构路径，实现资源的最优化配置，促进产业的多元化发展和地区经济的复兴。

第四，从重构潜力角度可以将我国衰退型制造业城市分为转型提高类、衰退发展类、衰退滞后类和发展滞后类四种类型。我国 46 个衰退型制造业城市大多属于衰退滞后类，共有 25 个，转型提高类城市仅有 10 个，衰退发展类城市有 6 个，发展滞后类城市共有 5 个。转型提高类城市可以选择集成型产业重构模式，一方面，促进产业效益低下、市场萎缩严重的衰退产业完全退出市场或转移至其他地区，并调整改造技术落后但尚有一定市场需求的衰退产业，促进衰退产业的升级创新；另一方面，以现有产业为基础，选择技术关联紧密的相关产业进行引进和培育。同时，通过产业创造、产业分叉等方式培育新的经济增长点，促进地区经济实现跨越式发展，彻底扭转城市的经济衰退趋势。衰退发展类城市可以选择突破型产业重构模式，积极引导衰退产业完全退出市场或向区外转移，同时选择与现有产业技术关联较弱的相关产业，实现地方产业的彻底更替和重构。衰退滞后类城市应选择集成型产业重构，一方面，对衰退产业进行技术改造，延长现有产业的生命周期，为地区接替产业的培育和发展争取时间；另一方面，选择发展与现有产业技术关联比较紧密的相关产业，促进地区经济发展实现渐进式转型。同时，通过产业移植、产业创造等方式培育新的经济增长点，促进地区经济发展的全面转型。发展滞后类城市应选择适应型产业重构模式，一方面促进衰退产业从低技术水平向高技术水平跃升，提高衰退产业的整体效益；另一方面，促进衰退产业产品结构的高端化、多元化，提高衰退产业的市场生存能力。同时，培育和发展与现有产业技术关联紧密的新兴产业，促进地区比较优势的逐步迁移。

产品空间理论视角下我国衰退型制造业城市接替产业选择

传统制造业衰退、接替产业培育不足是导致衰退型制造业城市形成的直接原因。要遏制衰退型制造业的衰退趋势，促进地区经济实现可持续发展，核心在于选择合适的接替产业重构地区产业体系。因此，如何选择合适的接替产业对衰退型制造业城市遏制衰退、重新激发地区发展活力至关重要，是衰退型制造业城市产业重构的重中之重。

6.1 我国衰退型制造业城市产业重构的目标

从比较优势理论来看，衰退型制造业城市经济发展停滞或放缓的主要原因是城市的传统产业优势丧失所导致的。因此，构建现代化产业体系，再造发展新优势是我国衰退型制造业城市产业重构的最终目标。

6.1.1 再造制造业优势

制造业是实体经济的重要基础，也是我国的强国之本，富国之基，不能摒弃。2019 年，美国瓦科拉夫·斯米尔（Vaclav Smil，2014）在《美国制造：国家繁荣为什么离不开制造业》一书中指出："如果没有强大且极具创造性的制造业体系，以及制造业体系创造的就业机会，那么任何一个先进的经济体都不可能繁荣发展。"罗德里克（Rodrik，2016）也通过研究发现，在发展过程中过早"去工业化"、提高服务业所占比重严重损害了国家（地区）经济的长期增长。从国际经验来看，美国、日本、英国等发达国家在产业重构过程中，都无一例外地选择过"去工业化"战略，将大量制造业外迁至其他国家，造成本国制造业“空心化”，虽然短期内出现了以“虚拟经济”“服务型经济”为主要特征的虚假繁荣，但从长期来看制约了国家经济的可持续发展。总结各国经济发展的历史经验可以看出，对制造业得到快速发展的国家来说，整个国家的经济发展就比较好；而在制造业出现衰退的国家，整体的经济发展就会陷入困境（郭新宝，2014）。这个规律不仅适用于国家经济发展，对地区经济增长也一样适用。例如，日本北海道地区的工业发展水平一直偏低，制造业生产相对薄弱，第二产业在当地产业结构中所占比重明显低于全国的平均水平，因此，尽管北海道地区农林水产业和旅游业凭借丰富的资源发展活跃，但是北海道地区的实际经济增长率总体上一直低于日本的全国平均水平，2008 年金融危机后，当地的经济复苏进程也相对缓慢，滞后于日本的平均水平（刘洋，2019）。现在，世界各国已经都认识到了制造业对国家经济增长的重要性，制造业已经重新成为世界各国竞争的焦点。2019 年 9 月，习近平总书记在河南考察时也从扎扎实实实现“两个一百年”奋斗目标的高度指出，要“把我国制造业和实体经济搞上去，推动我国经济由量大转向质强”。[①]

尽管我国衰退型制造业城市的制造业已经发生衰退，但是其仍拥有一定的制造业发展基础和较为完善的工业体系，为重造制造业优势提供了坚实的基础。这主要体现在以下五个方面：一是很多衰退型制造业城市曾是我国重大装备的产业基地，拥有比较齐全的装备制造业体系和较好的装备制造业基础。二是很多衰退型制造业城市的制造业体系比较齐全，曾拥有国内领先水平的产品研发能力和制造能力，尤其是重型装备产品曾在国内具有重要的地位。三是多数衰退型制造业城市拥有良好的科教基础，聚集了较多的高等院校、研究机构和科技人才，可以通过技术进步推动制造业创新发展，培养产业增长的内生动力，而城市人力资本长期投资所产生的累积效应，将为制造业重构提供较好的智力基础。四是衰退型制造业城市在多年的发展中积累了一大批优秀专业的企业家队伍，不仅拥有丰富的市场经验和广阔的国际视野，而且极具雄心和创新精神，可以为制造业重构提供优势的人力资源支撑。五是国内外旺盛的市场需求为衰退型制造业城市重造制造业优势提供了

① 习近平在河南考察时强调　坚定信心埋头苦干奋勇争先　谱写新时代中原更加出彩的绚丽篇章［EB/OL］. 央广网（2019 - 09 - 19）. http://China. cnr. cn/news/20190919/t20190919_524782857. shtml.

强大的拉动力。一方面，经济的快速发展造就了我国大规模、多元化和多层次的市场需求，为新产业、新技术和新产品的发展提供了必要的规模门槛；另一方面，“一带一路”倡议让我国与沿线各国建立了更紧密的市场联系，为我国制造业发展带来了广阔的市场前景。尤其是在装备制造业方面，这些新兴经济体的市场需求与我国极为相似，为衰退型制造业城市发展装备制造业提供了持续的发展空间。

因此，衰退型制造业城市在产业重构过程中不应完全摒弃制造业，要深入发挥地区比较优势，在现有优势产业基础上，促进传统产业向潜在比较优势产业转换，继续做大做强制造业。同时，以提高制造业的创新能力为核心，加快制造业向高端市场延伸，深入推进制造业转型升级，构建抗风险能力强的现代化地区产业体系。

6.1.2 实现产业结构多元化

产业结构多元化一般是指由原来资源采掘加工或传统制造业等单一产业格局，转变为制造业、高新技术产业、现代服务业、新兴产业等多元产业共同发展的产业格局（张飞相等，2011）。实现产业结构多元化不仅有利于促进地区资源要素在各个产业部门之间自由流动，促进资源要素流向地区优势产业，提高地区经济的整体效率，而且还可以通过技术溢出效应和产业关联效应等促进地区产业分工合作网络的形成，促使产业结构的优化，提升经济发展能力（郭淑芬等，2019）。众多研究已表明，产业结构多元化不仅有利于促进地区经济增长（孙祥栋等，2016；钟顺昌等，2017；文丰安，2018），而且有利于保障地区经济稳定可持续发展。加拿大城市地理学家雅各布斯（Jacobs，1996）认为“城市的活力来源于多样性”，拥有多元化产业结构的城市经济增长更快（Quigley，1998）。美国匹兹堡在进行产业重构过程中，以高新技术改造传统钢铁产业的同时，将发展重点转向服务业、旅游业以及高科技产业，并将原有钢铁产业优势部分转移到新兴技术产业与服务业，促使地区产业结构从过度专业化转向适度多元化，由此重塑了地方产业的竞争优势（朱华晟，2011）。同样，芝加哥作为美国的老工业城市之一，产业结构主要以制造业为主，尤其是重工业。20 世纪 60 年代后，通过调整制造业产业结构，积极发展高科技产业，并推动第三产业发展，重新构建了以服务业为主的多元化经济体系，并于90年代成功实现了经济转型（张飞相等，2011）。

我国衰退型制造业城市的产业结构专业化程度普遍较高，尤其是重工业所占比重较大，第三产业发展不足，产业结构弹性较弱。因此，当作为本地区主导产业的制造业发生衰退时，地区经济会出现增长停滞甚至同步衰退现象。作为一种特殊的问题区域，衰退型制造业城市要遏制地区衰退趋势，重新激活城市发展活力，在进行产业重构时就必须从自身发展基础和所具备的比较优势出发，以创新驱动传统产业升级，推动新兴产业发展，构建多点支撑、多元优势互补的现代产业体系。一是要采用先进技术改造和提升城市传统产业，延伸产业链，发展上下游产业，在制造业内部促进产业多元化发展；二是要通过推动现有比较优势产业向潜在比较优势产业转型升级，继续保持和延续现有的比较优势，规避产业重构过程中可能出现的断档风险。同时，要积极培育发展新兴制造业和现代服务业，促进地区产业间的多元化发展，通过提前培育技术含量高、可演进潜力强的新兴产业，大力发展第三产业，提高地区经济的抗风险能力和可持续发展能力。

6.1.3 实现产业结构高级化

产业结构高级化是指在产业结构自然演进基础上，采取一定的措施使产业结构由低水平向高水平转变的过程（史忠良等，2004）。产业结构高级化既包括产业结构沿着一二三产业不断发展，也包括产业结构沿着劳动密集型、资本密集型、知识密集型或技术密集型产业不断递进以及从低附加值、低加工度产业向高附加值、高加工度产业不断攀升（苏东水，2002）。目前，制造业高端化及产业结构服务化已成为国际大城市进行产业重构的重要方向（李程骅，2009；卓贤，2013）。要实现产业结构高级化，就要大力发展高新技术产业和现代服务业等高端产业，增强地区产业的研发、营销等价值链高端环节，并采取措施使一些传统的低端产业或处于价值链低端的产业环节适时适度退出本地产业结构或转移到其他欠发达国家或地区，通过重构地区产业优化城市的产业结构，增强地区发展能力。产业结构高级化有利于地区经济增长（唐晓华等，2019）。国际上，新加坡就是通过发展产业高端环节来实现城市转型的典型。在产业重构过程中，新加坡通过出台一系列政策措施大力引导总部经济的发展，促使新加坡从“制造基地”顺利转变为全球的“总部基地”，奠定了新加坡全球总部经济城市的地位。

产业结构既是以往经济增长的结果，也是决定经济增长的根本因素之一（关皓明，2018）。我国衰退型制造业城市的产业结构普遍偏重，不仅三次产业结构比例不合理，序次低，服务业尤其是生产性服务业发展滞后，而且制造业产品也多处于价值链中低端，附加值不高，严重制约了衰退型制造业城市的经济转型与发展。按照产业结构调整的一般规律，第三产业占比不断提高是地区产业结构高级化的重要标志。发达国家的经验表明，生产性服务业的快速发展可以有效促进经济增长。如 20 世纪七八十年代，日本制造业对服务业的中间需求年均增长率高达 13.4%，高于对制造业本身的中间需求 2 个百分点。而美国 1999 年对部分销售额在 8000 万美元以上的公司调查显示，信息技术服务、人力资源服务、市场和销售服务以及金融服务的支出占公司总支出费用的 71%（关秀丽，2006）。由此可见，当制造业发展到一定阶段时，就要依靠生产性服务业为其附加值和市场竞争力的提升提供支撑，于是便产生了对服务业尤其是生产性服务业的强烈需求。因此，衰退型制造业城市在产业重构过程中应顺应发展趋势，立足衰退型制造业城市的实际，构建抗风险能力较强的现代化地区经济体系。一方面，将产业结构重心逐渐由第二产业向第三产业转移；另一方面，通过创新和创新的扩散提升产业附加值，培育新兴产业，提高产业竞争力，开拓产业发展的新路径、新空间。

6.2 产品空间理论与衰退型制造业城市接替产业选择

新兴产业的培育和发展是地区实现可持续发展的关键（赵建吉等，2019）。对衰退型制造业城市来说，要再造制造业优势，实现产业结构的多元化和高级化，就必须选择合适的接替产业构建新的地区产业体系。由于制造业是推动地区经济发展的主要力量，因此本书讨论的接替产业主要是指制造业行业。

6.2.1　接替产业的选择直接影响产业重构能否实现

产品空间理论认为，产品是一个地区综合生产能力的载体，集中反映了该产品在生产过程中所需要投入的所有生产要素以及所需提供的全部生产条件（毛琦梁，2019），即一个地区当前所生产的产品集代表了该地区目前所具备的综合生产能力，反映了该地区的产业基础和比较优势状况，在一定程度上决定着地区产业的未来演化路径和竞争力塑造。通过选择发展合适的接替产业可以重塑衰退型制造业城市的产品空间结构，影响城市未来比较优势的形成和演化，进而影响产业重构目标能否顺利实现。

6.2.2　产业重构要接续产业发展和替代产业培育并重

接替产业包括接续产业和替代产业。对衰退型制造业城市来说，接续产业是指与原有产业技术关联紧密的相关产业，而替代产业是指与原有产业技术关联程度较弱但发展前景较好的产业。产品空间理论强调地区比较优势的动态转化，认为地区经济的发展即是从显示性比较优势产业向潜在比较优势产业不断演化的过程，即当某个地区在生产特定产品上具有优势时，在产业转型升级过程中则倾向于生产与该产品技术关联性较高的产品，并更容易在这些技术关联性高的产品上形成新的竞争优势。因此，在产业重构过程中，选择发展与地区现有产业技术关联紧密的接续产业更有利于产业重构的实现和地区经济的复兴。但是，由于产品空间具有异质性，处于产品空间结构不同位置的产业在未来所面临的演化机会不同。与处于稀疏的外围部分的产业相比，位于产品结构密集且靠近核心部分的产业面临更多的产业演化机会，更容易实现产业转型和可持续发展。对于衰退型制造业城市来说，由于城市原有产业技术相对落后，仅仅依赖于原有产业基础、发展与衰退产业技术关联紧密的接续产业容易使地区经济发展陷入路径依赖和低端锁定，不利于衰退城市的可持续发展。因此，在衰退型制造业城市产业重构过程中，要接续产业发展与替代产业培育并重，促进城市的经济转型发展。

6.2.3 接替产业可从城市现有产品空间结构中探得

产品空间理论认为一个地区的产品空间是地区现有生产能力的表现，地区产业体系的演化就是从地区在位比较优势产业向潜在比较优势产业转变的过程。潜在比较优势产业经过培育和发展可以成长为地区经济的接替产业，这就为衰退型制造业城市按照产品空间理论选择接替产业提供了可能。因此，基于产业间的技术关联，衰退型制造业城市可以遵循产业演进的一般规律从现有产品空间结构中发现地区潜在的比较优势产业，重塑地区的竞争优势，激活衰退地区的发展活力。

6.2.4 产品空间理论为接替产业选择提供了新思路和方法

产品空间理论自提出以来被广泛用于探索地区产业转型升级等问题，尤其是地区产业的演化路径问题，为衰退型制造业城市如何选择接替产业提供了新的思路和方法。现有研究中对接替产业的选择通常都采用多指标综合评价的方法，如主成分分析法、层次分析法等（宋文娟，2009；周博2009；史晓亮等，2011；谭鑫，2016）。但是，这些方法通常存在指标选取困难、容易受主观因素影响等问题，无法精确地遴选出地区接替产业。伊达尔戈等（2007）通过研究发现一个地区比较优势的演化历程与该地区产品（产业）在产品结构中的扩散过程一致，这为衰退型制造业城市甄别产业演化方向、遴选接替产业提供了思路和方法。产品空间理论视角下的接替产业选择采用结果导向的思维方式，基于产业间的技术距离确定地区的接替产业。因此，对衰退型制造业城市来说，可以遵循产业演化的一般规律，从现有的产品结构中探寻地区接替产业，重塑地区比较优势。同时，由于产品空间结构是基于产品之间的技术关联构建的，因此基于产品空间结构的接替产业选择无须构建多指标评价体系，避免了指标选取的片面性和主观性。

6.3 我国衰退型制造业城市接替产业选择的思路

衰退型制造业城市产业重构既面临着遏制城市经济衰退的短期任务，又担负着促进地区经济可持续发展的长期愿景，因此在接替产业选择过程中，既要保障地区产业发展的持续性与稳定性，又要增强地区产业结构的多样性与可持续发展能力。衰退型制造业城市应遵循产业演进的一般规律，考虑地区产业基础和技术创新能力，确定选择合适的接替产业。

6.3.1 接替产业选择应遵循产业演进方向

伊达尔戈等（2007）通过研究发现地区产业结构演化的过程就是该地区的产业从生产技术含量低的简单产品向生产技术含量高的复杂产品转换的过程，这一过程受到产品空间结构的制约，在产品空间结构稀疏的边缘位置的产业转型发展的难度更大，而在产品空间结构稠密的中心位置的产业实现跳跃的可能性更高。伊达尔戈等（2007）通过进一步研究发现，经济发达国家与经济欠发达国家在产品空间结构上有很大的差异，经济发达国家所生产的产品种类通常更多且技术复杂程度更高，而经济欠发达国家所生产的产品通常品种单一且技术复杂程度不高。因此，衰退型制造业城市在选择接替产业时应遵循地区优势产业从产品空间外围向中心演进、从产品空间结构稀疏位置向结构稠密位置演进、从低技术复杂度产业向高技术复杂度产业演进的方向，选择技术复杂度更高、更靠近结构稠密位置的产业进行培育和发展。

6.3.2 接替产业选择应注意规避地区产业断档风险

生产不同产品所需要的生产能力和资源禀赋不尽相同，因此产业间对生产能力要求的相似性决定了产业转型升级是否能够顺利实现（邓向荣等，2016）。同时，由于产品空间的产品集是不连续的，衰退型制造业城市在接替产业选择过程中并不总会有合适的产业尤其是合适的接续产业进行选择，因此会面临产业升级断档的风险。地区之间产业转型升级能力不仅体现在地区现在拥有的潜在比较优势产业数量上，而且还体现在这些潜在比较优势产业未来演化的可持续性上（张其仔等，2013）。由于不同地区以及同一地区不同产业所积累的生产能力不同，不同地区和不同产业在产品空间中可跳跃的距离也不尽相同，因此，产品空间结构越稀疏，产业转型升级所需要跨越的距离就越大，地区实现转型发展也就越困难。因此，衰退型制造业城市在接替产业选择过程中应优先选择可以跨越最佳技术距离实现不断向潜在比较优势产业转变的产业，从而规避地区经济在产业重构过程中的断档风险。也就是说，在在位比较优势产业可跳跃距离范围内，衰退型制造业城市应优先选择有利于增强地区产业抗风险能力、促进地区经济可持续发展的潜在优势产业，实现产业转型升级的可持续性。

6.3.3 接替产业选择应重视地区发展的可持续性

产品空间理论认为产品空间是异质的且产品集是不连续的，地区新产业体系能否顺利建立取决于地区生产能力能否顺利跨越一定的产业技术距离，实现由在位比较优势产业向潜在比较优势产业的转变。研究发现，在地区产业重构过程中，新老产业在技术上的相似程度对产业能否顺利升级具有重要影响，新老产品之间越相似，产业升级就越容易成功。因此，要确保衰退型制造业城市产业重构的顺利实现，就必须选择发展在一定技术距离之内的接续产业。此外，产业结构单一、抗风险能力差是大多数衰退型制造业城市存在的主要问题，地区主导产业一旦受到外界冲击或产业进入生命周期的衰退期，地区经济必然会产生波动。根据产品空间理论，一个地区能够生产的产品种类越多，地区产品空间结构就越稠密，该地区的产业结构多样化程度也相对越高，抗风险能力就越强。因此，衰退型制造业城市只有拥有多样性的跳跃能力，跨越不同的技术距离，选择多种接替产业进行培育和发展，增强产业结构的多样化和层次性，才能提高城市经济的风险抵御能力，实现城市经济的可持续发展。

6.4 我国衰退型制造业城市接替产业选择原则

接替产业的选择必须遵循以下三个原则。

1. 接替产业的选择应在一定技术距离范围内

认知距离对产业间的知识溢出具有重要影响，如果产业之间的认知距离太小，那么在地区产业转型升级中则会“锁定”在原有的产业知识与技术体系中，但是如果认知距离太大，则产业之间的知识与技术关联则比较弱，不利于产业间的知识溢出。因此，必须在一定的技术距离范围内选择接替产业，通过接续产业和替代产业与原有产业技术距离的差异化实现地区产业结构的多元化和层次化，保障地区经济的可持续发展。

2. 接替产业的技术含量必须高于原有产业

从产业演化规律来看，产业演化的趋势是从生产相对技术含量较低的产品转向生产相对技术含量较高的产品，即从技术复杂度低的产品向技术复杂度高的产品演进。所以，衰退型制造业城市在接替产业选择过程中应选择技术复杂度高于演化起点产业的潜在比较优势产业作为接替产业，才能不断提高本地产业的技术水平，促进本地产品空间结构从稀疏位置向结构稠密位置演进，从而实现地区经济的发展。

3. 接替产业必须具有高演进潜力

由于产品空间结构的产品集具有不连续性，所选择的接替产业在最佳技术距离内不一定存在技术含量更高的接替产业，因此该产业未来进一步演进面临的困难较大，存在断档风险。因此，在衰退型制造业城市选择接替产业时，应选择可演进潜力高的产业，以保障地区经济发展的可持续性。

6.5 我国衰退型制造业城市接替产业选择方法

衰退型制造业城市产业重构既面临着遏制城市经济衰退的短期任务，又担负着促进地区经济可持续发展的长期愿景，因此在接替产业选择过程中，既要保障地区产业发展的持续性与稳定性，又要增强地区产业结构的多样性与可持续发展能力。具体来说，衰退型制造业城市选择接替产业的方法包括以下几种。

6.5.1 构建全国产业空间图

产品空间图可以将地区现有的生产能力可视化，通过绘制全国产品空间图可以观察地区的产品空间结构，找出所有可生产的潜在比较优势产品集合，识别该地区的接替产业，明晰产业重构的具体路径，直观地反映出地区比较优势的动态演化过程。从理论上而言，产品空间是全部产品的集合，不仅包括现有可生产的产品，还包括未来可能生产出来的产品。但是，由于未来可能生产出来何种产品是无法得知的，因此，一般来说，在构建产品空间图的实际过程中，产品全集只包括了目前已经生产出来的产品。而且对于已经生产出来的产品来说，其种类也是不断变化的，导致产品集不断更新，具有不稳定性。

在构建全国产品空间图过程中，由于无法获得未来产品集合且产品种类不断更新，无法精确测得产品间的技术距离，很可能会导致所构建的产品空间图具有不稳定性和不完整性，从而无法准确识别衰退型制造业城市的接替产业。因此，本书认为，在选择衰退型制造业城市接替产业时，可以以国民经济四位数产业为节点、以产业间技术邻近度值为权重构建全国产业空间结构图。这是因为，四位数产业种类相对固定，产业间的技术邻近度相对比较稳定，可以呈现比较稳健的全国产业空间结构，有利于更便捷地识别出地区潜在比较优势产业，规划出合理的衰退型制造业城市产业重构路径。

6.5.2 识别在位比较优势产业

产品空间理论认为，地区产业重构是由地区在位比较优势产业向一定技术距离范围内的潜在比较优势产业转变的过程。因此，要识别出衰退型制造业城市的接替产业，必须先识别出衰退型制造业城市的在位比较优势产业。在产品空间理论中，一般采用显示性比较优势指数（revealed comparative advantage，RCA）来测度一个地区的产品优势。该指数由巴拉萨（1965）提出，也被称为相对优势指数，是用一个国家某种产品的出口值占该国所有产

品出口总值的份额与全世界所有国家该产品的出口值占全世界所有国家所有产品出口总值的份额的比值来表示。如果比值大于1，说明该产品在该国具有显示性比较优势；如果比值小于1，则说明该产品在该国尚未具备显示性比较优势。

在本书中，要识别地区的在位比较优势产业，就要计算该地区所有产业的显示性比较优势指数，公式表述如下：

$$RCA_{c,i} = \frac{x(c, i)/\sum_i x(c,i)}{\sum_c x(c, i)/\sum_{c,i} x(c, i)} \tag{6-1}$$

式（6－1）中：c代表某衰退型制造业城市或地区，i代表某一四位数产业，x(c，i) 代表城市或地区c的四位数产业i的生产产值。分子表示的是城市或地区c的四位数产业i的生产产值份额占整个地区c生产总产值的比重，分母表示的是全国所有地区的产业i的生产总产值占整个国家全部产业生产总产值的比重。如果 $RCA_{c,i} \geqslant 1$，则表明产业i在c地区具有显示性比较优势，为地区c的在位比较优势产业；如果 $RCA_{c,i} < 1$，则表明产业i在c地区不具有显示性比较优势。

6.5.3　遴选潜在比较优势产业

地区接替产业的选择即是识别并确定该地区最具有潜在比较优势的产业。衰退型制造业城市潜在比较优势产业集合的确定方法包括以下几种。

1. 确定潜在比较优势产业集

产品空间理论认为，地区产业重构的过程就是地区在位比较优势产业向潜在比较优势产业转变的过程。因此，潜在比较优势产业集首先不应包含已在该城市具有显示性比较优势的产业，这是遴选潜在比较优势产业的基本原则。对于衰退型制造业城市c来说，其潜在比较优势产业集应剔除该城市 $RCA_{c,i} \geqslant 1$ 的产业。

2. 确定邻近度阈值

产品空间理论认为，两种产品相似度越高，说明生产这两种产品所需要的共有的资源禀赋或知识能力就越多（毛琦梁，2018）。因此，地区在产业重构过程中倾向于从现有比较优势产业向其相似或邻近的产业转变，意图跨越较小的技术距离实现地区产业体系的重构。尽管这种重构方式风险最低、难度最小，但是对于衰退型制造业城市来说，仅仅遵循地区比较优势促进在位比较优势产业向相邻产业转型是不够的，容易使地区经济发展陷入路径锁定，不利于地区经济实现长期可持续发展。因此，在促进在位比较优势产业向相似或相邻产业转变的同时，还应大胆创新，移植和培育与在位比较优势产业邻近度较低但技术复杂性与产业密度较高的潜在比较优势产业，以促进衰退型制造业城市的可持续发展，也就是说，在潜在比较优势产业选择过程中，要注重当前发展与长期培育并存。

在产业重构中，要确定哪些潜在比较优势产业为接续产业选择目标、哪些产业为替代产业选择目标，就要确定衰退型制造业城市在位比较优势产业需要跨越的技术距离阈值。如果某个潜在比较优势产业位于在位比较优势产业可跨越的技术距离范围内，则说明该产业与在位比较优势产业技术关联紧密，可以作为潜在的接续产业进行进一步考察；如果某个潜在比较优势产业位于在位比较优势产业可跨越的技术距离范围之外，则说明该产业与在位比较优势产业技术关联较弱，因此可以作为潜在的替代产业进行进一步考察。

产品空间理论用邻近度来反映生产不同产品所需生产能力的相似性，因此进行产业重构所需要跨越的技术距离阈值又可以称为邻近度阈值。根据产品空间理论，如果某两种产品在同一个地区具有显示性比较优势的概率越高，则这两种产品生产所需要的各种要素禀赋和生产能力越相似，即这两种产品的邻近度就越高。邻近度的计算方法如下：

$$\varphi_{i,j} = \min\{P(RCA_i \mid RCA_j),\ P(RCA_j \mid RCA_i)\} \qquad (6-2)$$

式（6－2）中，$\phi_{i,j}$指产业 i 与 j 的邻近度，即产业 i 与产业 j 同时在某地区具有显示性比较优势的条件概率。由于条件概率 $P(RCA_i \mid RCA_j)$ 与 $P(RCA_j \mid RCA_i)$ 并非对称，但产业邻近度应该是定值，通常取条件概率最小值表示邻近度。

邻近度阈值的设定直接影响了衰退型制造业城市接替产业可选择的范围，因此邻近度阈值的确定是接替产业选择的重点与难点。按照接替产业选择的原则，邻近度阈值的确定要考虑不同阈值下潜在比较优势产业的数量与种类，以确保在阈值范围内的目标产业集既存在一定数量的产业可供选择，防止出现产业断档风险，又能保障未来产业结构的多样化与层次性，保障城市经济的可持续发展。

3. 遴选高技术含量的潜在比较优势产业

按照比较优势演化的趋势，在遴选衰退型制造业城市接替产业时应选择技术含量高于在位比较优势产业的潜在比较优势产业。在产品空间理论中，产品复杂度是当前生产能力集合的核心体现（Hausmann et al.，2006），用于表示产品的技术含量。该指标是伊达尔戈和豪斯曼（Hidalgo and Hausmann，2009）在伊达尔戈等（2007）研究的基础上，运用反射法（method of reflection）以产品显示性比较优势为权重、基于国家收入水平计算出来的。

本书认为，在衰退型制造业城市接替产业选择过程中，可以参考毛琦梁（2018）甄别中国中西部典型城市群产业升级机会的研究，采用哈佛大学开发的“经济复杂性地图集”（http：//atlas. cid. harvard. edu）所提供的产品复杂度开放数据，来衡量潜在比较优势产业的技术复杂性。“经济复杂性地图集”所提供的数据分类基础是 SITC rev. 2 四位数产品，为此，可以按照中国国家统计局制定的《国民经济行业分类》（GB/T 4754—2002）与 ISIC/Rev. 3 的对照表，将“经济复杂性地图集”中的 SITCrev. 2 四位数产品与《国民经济行业分类》（GB/T 4754—2002）中的四位数产业分类进行对接，从而获得相应产业的技术复杂度值。

4. 遴选演进潜力高的潜在比较优势产业

选择发展演进潜力较高的潜在比较优势产业才能保障衰退型制造业城市的可持续发展。本书认为，产业的演进潜力主要表现在产业的连通性上，产业的连通性越高，表明该产业周边的网络结构越密集，即该产业拥有更多的比较优势演化路径，因此有更多的机会进一步向潜在比较优势产业升级。在产品空间理论中，通常用路径（path）来表示产业之间的连通性，描述产业间的可通达程度。某一产业的连通性是其与其他所有产业的邻近度之和，因此，某一产业的路径计算公式可表示为：

$$PATH_i = \sum_j \varphi_{ij} \tag{6-3}$$

式（6-3）中：$PATH_i$代表 i 产业的路径值，φ_{ij}为 i 产业与 j 产业之间的邻近度。

6.5.4 确定接续产业与替代产业

从产品空间结构来看，衰退型制造业城市实现产业重构包含两条路径：

一是基于现有产业结构向技术邻近度比较高的潜在比较优势产业转变，以确保在位比较优势产业顺利跳跃到潜在比较优势产业，实现现有优势产业的改造与升级，规避产业升级断档风险；二是大胆创新，移植和培育与在位比较优势产业技术距离较远、技术复杂性与产业密度较高的潜在比较优势产业，增强地区产业结构的多样性与层次性，从而提高地区经济的抗风险能力和可持续发展能力。因此，对于衰退型制造业城市来说，一方面要基于在位比较优势产业遴选出近期可发展的接续产业，继续发挥现有比较优势，促进地区比较优势的渐进式演化；另一方面，要在一定程度上偏离现有比较优势，培育和发展未来更能带动地区发展的替代产业，增强地区产业结构的多样性，培育新的增长点，提高抗风险能力。

在接续产业选择过程中，应着重于保障衰退型制造业城市产业重构的稳定性和连续性，选择与在位比较优势产业邻近度较高的潜在比较优势产业。而在替代产业选择过程中，应更侧重于选择技术复杂性高、可演进潜力大的潜在比较优势产业。只有两者并重，才能真正实现衰退型制造业城市产业重构的目标，遏制城市经济衰退的趋势，从根源上解决城市发展中的各种问题。

6.6 本章小结

本章从产品空间理论视角分析了我国衰退型制造业城市接替产业的选择问题，在分析我国衰退型制造业城市产业重构目标的基础上详细阐明了衰退型制造业城市接替产业选择的思路、原则与方法。本章主要结论如下：

（1）我国衰退型制造业城市产业重构的最终目标是构建现代化产业体系，再造发展新优势。制造业是实体经济的重要基础，也是我国的强国之本，衰退型制造业城市在产业重构过程中不应完全摒弃制造业，要深入发挥地区比较优势，在现有优势产业基础上，促进传统产业向潜在比较优势产业转换，加快制造业向高端市场延伸，深入推进制造业转型升级，继续做大做强制造业。同时，以创新驱动传统产业升级，推动新兴产业发展，促进制造业高端化及产业结构服务化，构建多点支撑、多元优势互补的现代产业体系，再造制造业优势，实现产业结构的多元化和高级化。

（2）产品空间理论为衰退型制造业城市接替产业选择提供了理论指导。产品空间理论认为，接替产业的选择会直接影响衰退型制造业城市产业重构能否实现，衰退型制造业城市在产业重构时应将发展接续产业和培育替代产业并重，从现有的产品空间结构中可以探得衰退型制造业城市产业重构的具体路径，识别地区的接替产业。产品空间理论采用结果导向的思维方式为衰退型制造业城市的接替产业选择提供了新的思路与方法，避免了传统接替产业选择过程中指标选取的片面性和主观性。

（3）衰退型制造业城市接替产业选择应遵循产业演进方向，注意规避地区产业断档风险，重视实现地区经济的可持续发展。衰退型制造业城市在选择接替产业时应遵循地区优势产业从产品空间外围向中心演进、从产品空间结构稀疏位置向结构稠密位置演进、从低技术复杂度产业向高技术复杂度产业演进的方向，选择技术复杂度更高、更靠近结构稠密位置的产业进行培育和发展。同时，由于产品空间的产品集是不连续的，衰退型制造业城市在接替产业选择过程中并不总会有合适的产业进行选择，会面临产业升级断档的风险。因此，衰退型制造业城市在接替产业选择过程中应优先选择可以不断跨越最佳技术距离向潜在比较优势产业转变的产业，从而规避地区经济在产业重构过程中存在的断档风险。此外，衰退型制造业城市应选择多种接替产业进行培育和发展，增强产业结构的多样化和层次性，提高城市经济的风险抵御能力。

（4）衰退型制造业城市接替产业选择必须遵循三个原则：一是接替产业的选择应在一定技术距离范围内。衰退型制造业城市在接替产业选择过程中应通过接续产业和替代产业与原有产业技术距离的差异化实现地区产业结构的多元化和层次性，保障地区经济的可持续发展。二是接替产业的技术含量必须高于原有产业。衰退型制造业城市在接替产业选择过程中应选择技术复杂度高于演化起点产业的潜在比较优势产业作为接替产业，促进本地比较优势从产品空间结构的稀疏位置向稠密位置演进。三是接替产业必须具有高演进潜力。产品空间结构的产品集具有不连续性，在所选择的接替产业的最佳技术距离内不一定存在技术含量更高的接替产业，影响地区产业体系的进一步演进。因此，在衰退型制造业城市选择接替产业时，应选择可演进潜力高的产业，以保障地区经济发展的可持续性。

（5）产品空间理论为衰退型制造业城市接替产业选择提供了新的方法。

一是构建全国产业空间图。通过绘制全国产业空间图可以观察地区的产品空间结构，找出所有可生产的潜在比较优势产品集合，识别该地区的接替产业。本书认为，在选择衰退型制造业城市接替产业时，可以以国民经济四位数产业为节点、以产业间技术邻近度值为权重构建全国产业空间图。二是识别在位比较优势产业。要识别出衰退型制造业城市的接替产业，必须先识别出衰退型制造业城市的在位比较优势产业。本书认为要识别地区的在位比较优势产业，就要计算该地区所有产业的显示性比较优势指数（RCA），当RCA≥1时，则表明该产业为该地区的在位比较优势产业。三是遴选潜在比较优势产业。地区接替产业的选择即是识别并确定该地区最具有潜在比较优势的产业。遴选衰退型制造业城市的潜在比较优势产业首先要确定潜在比较优势产业集，潜在比较优势产业集不包含已在该城市具有显示性比较优势的产业；其次通过设定邻近度阈值确定潜在接续产业集合与潜在替代产业集合；最后遴选出具有高技术含量和高演进潜力的潜在比较优势产业。四是确定接续产业与替代产业。在接续产业选择过程中，应着重于保障衰退型制造业城市产业重构的稳定性和连续性，选择与在位比较优势产业邻近度较高的潜在比较优势产业。而在替代产业选择过程中，应更侧重于选择技术复杂性高、可演进潜力大的潜在比较优势产业。只有两者并重，才能真正实现衰退型制造业城市产业重构的目标，遏制城市经济衰退的趋势，从根源上解决城市发展中的各种问题。

第7章 衰退型制造业城市接替产业选择的实证研究——以沈阳为例

沈阳市是我国重要的重工业基地，工业历史悠久，制造业发展基础雄厚。尤其是新中国成立以后，经过“一五”时期、“二五”时期的大力建设，沈阳市建立了门类齐全、独立完整的工业体系，创造了第一架喷气式飞机、第一台金属切削车床、第一台鼓风机等新中国制造业的百余个第一，被誉为“共和国装备部”。但是，20 世纪 90 年代以来，受深层次结构性、体制性矛盾的影响，沈阳市很多制造业企业进入停产或半停产状态，大批工人下岗，整个城市经济发展陷入了困难，成为“东北现象”的典型代表。进入 21 世纪以来，随着国家振兴东北老工业基地战略的实施与推进，沈阳市经济振兴取得了一定成效，但振兴的目标尚未完全实现，城市经济不仅没有实现快速发展，反而出现衰退趋势。根据第 3 章的测算结果可以得知，沈阳市是典型的衰退型制造业城市，而且是 2011～2016 年新近出现的衰退型制造业城市。2016 年，沈阳市的 GDP 增长率从 2007 年的 20.4% 下滑至 -4.7%，工业年增量也由 2007 年的 28.9% 下滑至 -18.6%。[①] 同时，按照第 5 章对衰退型制造业城市的分类，沈阳市属于衰退滞后类城市，不仅 GDP 在全国的比重不断降低，而且发展后劲不足，创新能力弱，急需通过产业重构促进地区经济发展的转型。因此，本章选取沈阳市作为实证研究的案例，进一步探讨产品空间理论在衰退型制造业城市接替产业选择中的应用方法，以期为其他衰退型制造业城市产业重构提供参考和借鉴。

① 2007 年、2016 年《沈阳市国民经济和社会发展统计公报》。

7.1 沈阳市制造业发展现状与存在的问题

7.1.1 沈阳市经济发展现状

沈阳市是我国的工业名城，不仅是国家新型工业化综合配套改革试验区，还是信息和工业化融合示范区，拥有雄厚的经济基础，目前已经形成了以装备制造业为主、以汽车及零部件制造、有色金属深加工、化工、现代建筑、钢铁及农产品深加工等部门为优势产业的工业体系。同时，沈阳市拥有40多所高等院校、28个国家级工程技术研究中心和重点实验室，科技创新力量和高端人才资源丰富。[①] 目前，沈阳市正在加快推进国家中心城市建设，着力打造先进装备制造业基地以及生态宜居之都，全力促进老工业基地的全面振兴。

从2007年开始，沈阳市GDP和工业增长率逐年下滑，GDP增长率从最高点2007年的20.4%下滑到2016年的－4.7%，近年来逐步回升至2018年5.4%。而工业年增量的变化更加剧烈，从最高点2007年的28.9%下滑到2016年的－18.6%，然后又逐步回升至2018年的7.6%（见图7－1）。

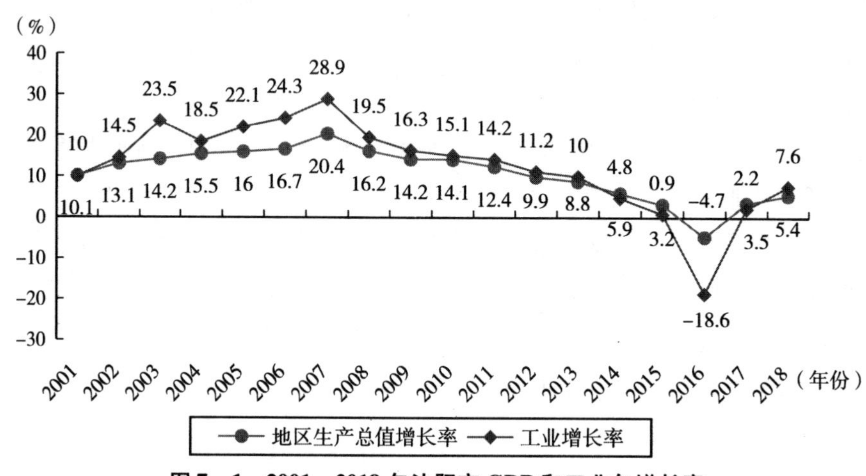

图7－1　2001～2018年沈阳市GDP和工业年增长率

资料来源：2001～2018年《沈阳市国民经济和社会发展统计公报》。

① 《沈阳统计年鉴（2017）》。

7.1.2　沈阳市制造业发展现状

2017年全年，沈阳市规模以上工业总产值为5272亿元，其中，制造业总产值4977亿元，占全市规模以上工业增加值的94.3%。从分行业来看，汽车制造业一业独大现象明显。汽车制造业产值达到2116亿元，占规模以上制造业总产值的42.5%。其他产值居前十位的分别是汽车制造业、通用设备制造业、汽车零部件及配件制造业、农副食品加工业、电气机械和器材制造业、金属制品业、专用设备制造业、橡胶和塑料制品业、非金属矿物制品业以及塑料制品业。这十大行业总产值为4231亿元，占规模以上制造业总产值的85%，占规模以上工业总产值的80%。

从规模以上企业数量上看，2017年沈阳市装备制造业规模以上企业共632家，其中亏损企业165家，占规模以上企业总量的26%。①

沈阳市装备制造业的优势产业有金属制品业，通用设备制造业，专用设备制造业，汽车制造业，铁路、船舶、航空航天和其他运输设备制造业，电气机械和器材制造业，计算机、通信和其他电子设备制造业，仪器仪表制造业8个行业，其中规模以上企业数量较多的有4个行业，分别是汽车制造业、通用设备制造业、电气机械和器材制造业、金属制品业，数量分别是138家、126家、118家、87家（见表7－1）。高科技产业的规模以上企业比较少，其中计算机、通信和其他电子设备制造业只有39家，铁路、船舶、航空航天和其他运输设备制造业和仪器仪表制造业分别只有37家和25家。

表7－1　　2017年沈阳市分行业规上制造业产值前十位的行业

行业	规上企业数	亏损企业数	产值（万元）
汽车制造业	138	36	21164797
通用设备制造业	126	35	4149178
汽车零部件及配件制造业	124	32	3883798
农副食品加工业	127	28	3503543

①《沈阳统计年鉴（2018）》。

续表

行业	规上企业数	亏损企业数	产值（万元）
电气机械和器材制造业	118	38	2945688
金属制品业	87	20	2005277
专用设备制造业	62	15	1800230
橡胶和塑料制品业	97	20	1297630
非金属矿物制品业	128	38	1173622
塑料制品业	75	16	388300

资料来源：《沈阳统计年鉴（2018）》。

从行业产值分布上看，2017 年沈阳市装备制造业规模以上企业工业总产值为 3762 亿元，其中产值最高的是汽车制造业，其工业总产值为 2116 亿元，占沈阳市装备制造业规模以上企业总产值的 56%。其次是通用设备制造业，其工业总产值达到了 415 亿元，占沈阳市装备制造业规模以上企业总产值的 11%。位于第三位的是铁路、船舶、航空航天和其他运输设备制造业，其工业总产值为 391 亿元，占沈阳市装备制造业规模以上企业总产值的 10%。

7.1.3 沈阳市制造业发展存在的问题

沈阳市虽然是全国著名的老工业基地，但依然面临许多长期积累的深层次矛盾和问题。作为传统的制造业城市，沈阳市 GDP 增速更多的是由制造业决定的。近年来，沈阳市规模以上工业增加值不断下滑，直接导致了沈阳市经济形势的急剧恶化。

1. 装备制造业附加值低

工业内部结构中装备制造业占地区工业总产值虽然超过 50%，但是主要集中在中低端制造业，产业盈利能力较弱。

2. 以领军企业为龙头、以区域配套为依托的产业体系建设亟待推进

尽管沈阳市有一大批具有一定规模、占据国内行业排头兵地位的优势领军企业，但尚未形成一批具有全球竞争力的领军企业。以领军企业为龙头的产业配套体系建设尚不能完全满足领军企业的发展要求，未能充分利用领军

企业的凝聚和扩散效应形成产业配套优势，从而推动领军企业的发展，形成领军企业与配套体系互相促进的发展模式。

3. 骨干企业盈利能力不强

沈阳市一批骨干企业未能在经济规模扩张的同时，同步提升企业盈利能力，导致企业研发投入不足，具有自主知识产权的高端产品和技术不多，产品结构低端化严重，经济发展后劲小，直接影响了企业核心竞争力的增强和地区经济的可持续发展。

4. 高新技术产品结构单一

沈阳市高新技术产品结构单一、覆盖面较窄。沈阳市的高新技术产品主要集中在现代交通和先进制造两个领域。2018 年上半年，沈阳市交通和先进制造业的产品产值占全市高新技术产品产值的比重为 78.7%。在高新技术产品中，市场应用前景广阔的生物医药与医疗器械、电子信息、新材料、新能源与节能、环境保护领域规模较小，其产值占全市高新技术产品产值的比重仅为 17.1%。①

7.2 沈阳市接替产业的选择

7.2.1 数据来源及说明

本章数据主要来源于 2003～2013 年的中国工业企业数据库。其中，沈阳市在位优势产业分析的数据主要来源于 2013 年的中国工业企业数据库。中国工业企业数据全称为“全部国有及规模以上（企业每年主营业务收入（销售额）在 500 万元以上，2011 年起为 2000 万元以上）非国有工业企业数据”，统计范围包括中国大陆地区销售额 500 万元以上（2011 年起为 2000 万元以上）的工业企业，即包括国有企业、集体企业、私营企业、联营企业、有限责任公司、股份合作企业、股份有限公司、外商投资企业、港澳台商投资企业以及其他内资企业。该数据库数据来源于国家统计局依据《工

① 《沈阳统计年鉴（2019）》。

业统计报表制度》而进行的工业调查统计，其统计内容包含工业企业基本情况、产销状况、财务状况、成本费用情况、主要工业产品销售、库存和生产能力以及企业生产经营景气状况等方面。工业的统计口径包括“采掘业”“制造业”“电力燃气及水的生产与供应业”三个门类，涵盖中国工业制造业 40 多个大产业，90 多个中类，600 多个子行业。虽然该数据库的统计来源没有涵盖每个地区的所有企业，但是该数据库收集了各个地区主要工业企业的相关数据，可以较为准确地反映出各个地区所具有的比较优势，因此可以为地区比较优势分析和潜在比较优势产业甄别提供较为可靠的数据基础。由于本书仅以制造业为研究对象，所以选取了 2003 ~ 2013 年中国工业企业数据库中制造业产业下的四位数行业作为数据来源，并根据国家统计局《国民经济行业分类标准》历次调整说明，将 2012 年、2013 年相关数据分别对接为 GB/T 4754—2002 分类标准，最终数据总计包括 478 个四位数制造业行业。

另外，本章中的产业复杂度数据来源于哈佛大学开发的“经济复杂性地图集”（http：//atlas. cid. harvard. edu）所提供的产品复杂度开放数据，并按照中国国家统计局《国民经济行业分类》（GB/T 4754—2002）与 ISIC/Rev. 3 的对照表，将“经济复杂性地图集”中的 SITCrev. 2 四位数产品与《国民经济行业分类》（GB/T 4754—2002）中的四位数产业分类进行对接，从而获得相应产业的技术复杂度值。

7.2.2 沈阳市在位比较优势产业的识别

要分析沈阳市的接替产业，首先要构建全国产业空间图，对沈阳市产业空间结构进行测度，识别出沈阳市的在位比较优势产业。

1. 全国产业空间图的构建

本书选择 2003 ~ 2013 年中国工业企业数据库的地区生产数据作为构建全国产业空间图的基础。其中，以四位数国民经济行业为节点，以产业间的邻近度为连线，利用 Cytoscape 3. 7. 1 软件构建全国产业空间图。

具体构建流程如下：首先，以地级市为基础，通过中国工业企业数据库获得各个四位数产业的生产总值，计算每个城市各个四位数产业的显示性比较优势指数，在此基础上利用邻近度计算公式计算获得所有产业之间的邻近度矩阵。值得说明的是，为减少不同年度的意外波动，获得更加稳定准确的产业邻近度关系，本书中的产业邻近度矩阵是通过计算2003～2013年各个产业的邻近度平均值获得的。其次，利用Cytoscape 3.7.1软件，将节点设定为四位数产业，节点间的连接权重设定为产业邻近度，构建全国产业空间图。最后，为了使产业空间图更加清晰地呈现产业间的主要邻近关系，减少邻近度很低的产业间关系的干扰，本书在构建全国制造业产业空间图时剔除了邻近度小于0.35的连线（见图7－2）。但是，在后续的定量分析中所有产业邻近度的相关数据都会被采用，在产业空间图中剔除邻近度小于0.35的连线不会影响本书的定量分析结果。

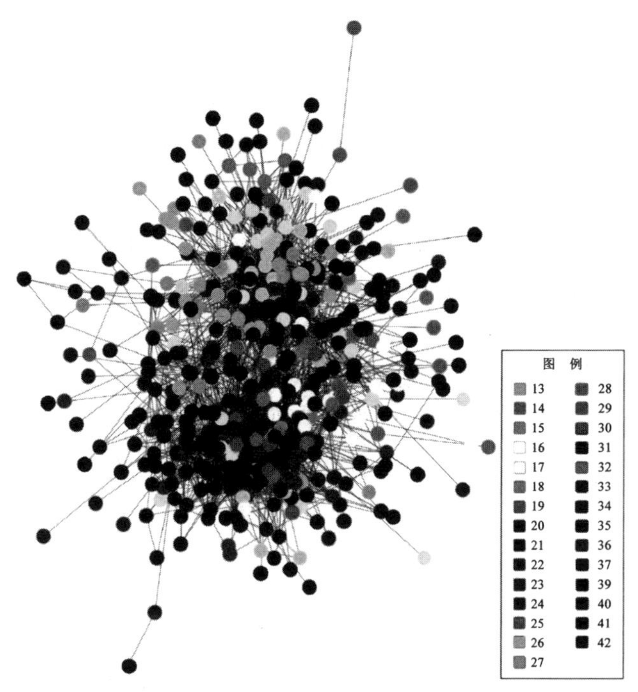

图7－2　中国制造业产业空间结构图

注：图例中数字为《国民经济行业分类》（GB/T 4754—2002）中两位数行业代码：13. 农副食品加工业；14. 食品制造业；15. 饮料制造业；16. 烟草制品业；17. 纺织业；18. 纺织服装、鞋、帽制造业；19. 皮革、毛皮、羽毛（绒）及其制品业；20. 木材加工及木、竹、藤、棕、草制品业；21. 家具制造业；22. 造纸及纸制品业；23. 印刷业和记录媒介的复制业；24. 文教体育用品制造业；25. 石油加工、炼焦及核燃料加工业；26. 化学原料及化学制品制造业；27. 医药制造业；28. 化学纤维制造业；29. 橡胶制品业；30. 塑料制品业；31. 非金属矿物制品业；32. 黑色金属冶炼及压延加工业；33. 有色金属冶炼及压延加工业；34. 金属制品业；35. 通用设备制造业；36. 专用设备制造业；37. 交通运输设备制造业；39. 电气机械及器材制造业；40. 通信设备、计算机及其他电子设备制造业；41. 仪器仪表及文化、办公用机械制造业；42. 工艺品及其他制造业。本章中类似图例同本图。

从图7-2可以看出，我国产业空间结构呈现明显的“中心—边缘”结构。总体上呈现出中心区域产业密集而外围区域产业稀疏的特征。其中，高技术产业如机械、仪器仪表等位于产业空间的中心区域，化工产业紧邻这些高技术产业位于中心附近，这些产业构成了产业空间的“核心”，而劳动或资源密集型产业则处于产业空间的“外围”，产业间连接稀疏甚至断裂。

2. 沈阳市在位比较优势产业的识别

在位比较优势产业是指在某一地区具有显示性比较优势的产业，即显示性比较优势指数（RCA）大于1的产业。

2013年，沈阳市共拥有357个制造业产业。从产业种类上来看，主要集中于专用设备制造业、通用设备制造业、化学原料和化学制品制造业、非金属矿物制品业、电气机械和器材制造业以及金属制品业（见图7-3）；从生产总值上来看，居前五位的主要是汽车制造业、通用设备制造业、农副食品加工业、电气机械和器材制造业及非金属矿物制品业（见图7-4）。

2013年，沈阳市在位比较优势产业为182个，从产业种类上来看，主要集中于专用设备制造业、通用设备制造业、非金属矿物制品业、电气机械和器材制造业、金属制品业以及木材加工和木、竹、藤、棕、草制品业等（见图7-5）；从生产总值来看，居于前五位的依然是汽车制造业、通用设备制造业、农副食品加工业、电气机械和器材制造业以及非金属矿物制品业（见图7-6）。

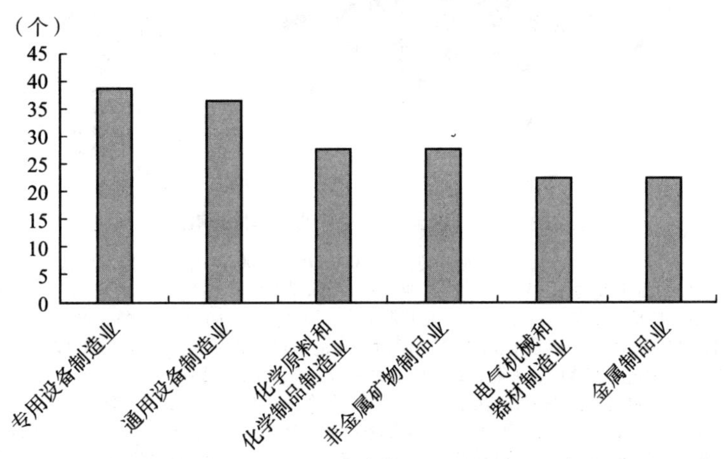

图7-3 沈阳市制造业行业分布情况

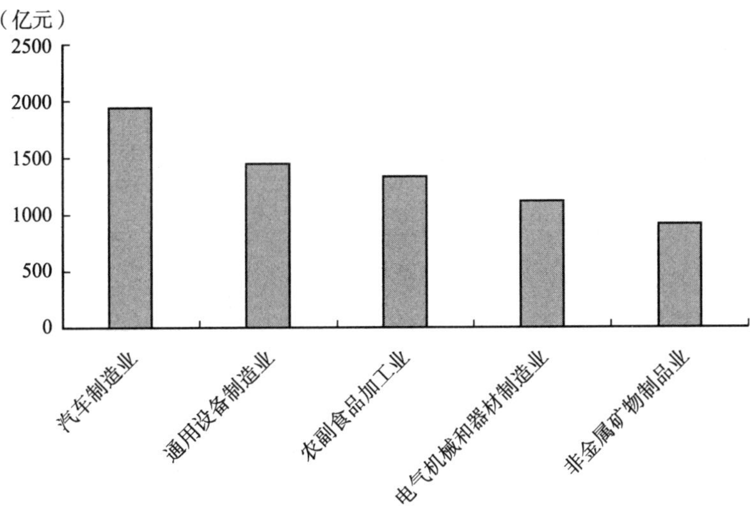

图7－4 沈阳市制造业在位比较优势产业分布情况

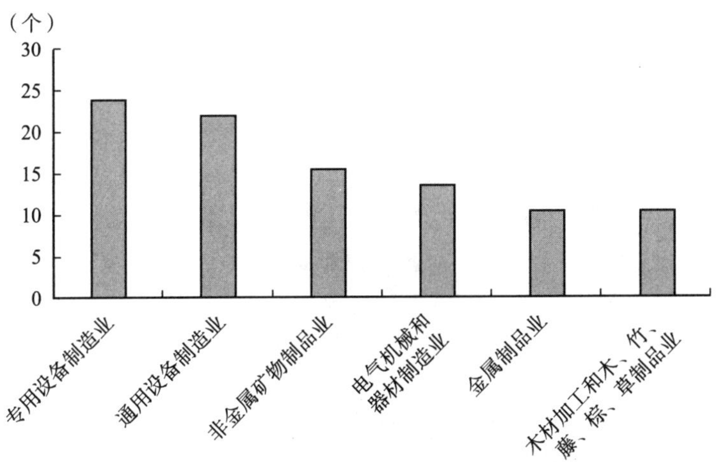

图7－5 2013年沈阳市制造业在位比较优势产业种类分布情况

从产业空间结构来看（见图7－7），2013年沈阳市在位比较优势产业在全国产业空间图中分布比较均衡，已有部分产业位于产业空间结构的核心区域，与其他产业间的联系比较密集，具有较强的转型升级基础。但是，也有部分产业处于产业空间结构的外围区域，与其他产业联系稀疏且技术距离较远，在地区经济转型升级发展中面临较大的困难。

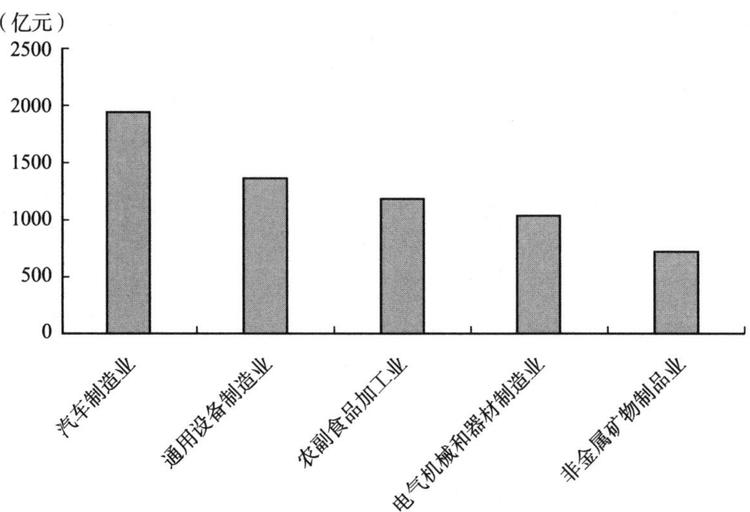

图 7－6　2013 年沈阳市制造业在位比较优势产值前五位的行业

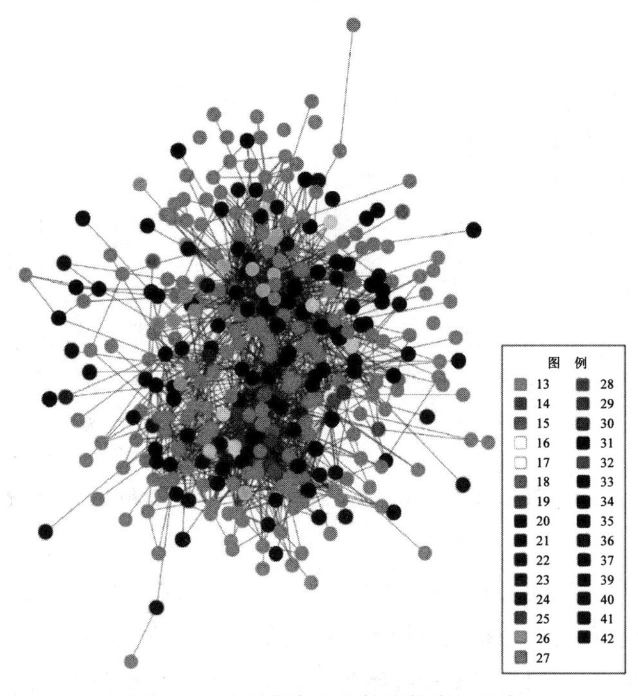

图 7－7　沈阳市在位比较优势产业分布

此外，沈阳市在位比较优势产业中尚有 15 个产业与其他所有产业的技术邻近度均小于0.35（见表7－2），无法在图7－7中显示，这些产业在未来演化中将面临更大的困难。其中，石棉水泥制品制造、实验室及医用消毒设备和器具的制造、其他日用品生产专用设备制造、其他未列明的电气机械制造、煤制品制造等产业的显示性比较优势指数非常高，在沈阳市现有产业结构中占有重要地位，但是在地区经济未来发展中升级转型难度较大，断档风险较高，是遏制沈阳市经济衰退、实现城市可持续发展的重大隐患。

表7－2　　沈阳市邻近度小于0.35的在位比较优势产业

国民行业代码	行业名称	显示性比较优势指数	最高邻近度
1332	非食用植物油加工	1.08	0.330
2666	环境污染处理专用药剂材料制造	1.08	0.339
2911	车辆、飞机及工程机械轮胎制造	1.04	0.349
3123	石棉水泥制品制造	5.62	0.332
3329	其他贵金属冶炼	1.27	0.340
3542	气体压缩机械制造	3.17	0.345
3629	其他非金属加工专用设备制造	3.34	0.339
3649	其他日用品生产专用设备制造	4.49	0.346
3663	武器弹药制造	1.82	0.349
3674	畜牧机械制造	3.25	0.282
3683	实验室及医用消毒设备和器具的制造	5.53	0.337
3697	水资源专用机械制造	1.70	0.338
3999	其他未列明的电气机械制造	3.96	0.315
4190	其他仪器仪表的制造及修理	1.68	0.342
4230	煤制品制造	3.94	0.294

7.2.3　沈阳市接续产业的选择

要遏制衰退型制造业城市经济的衰退趋势，实现地区可持续发展，首先要重视接续产业的选择，顺利实现在位优势产业向潜在比较优势产业的转型升级。传统比较优势理论认为，一个地区只要专业化生产其具有比较优势的产品就能顺利实现产业转型升级。但是，产品空间理论指出，比较优势的演化是在一定条件下进行的，产品与产品之间存在一个最优距离，地区在产业重构过程中总是倾向于生产与当前比较优势关联紧密的产品。也就是说，在产业重构过程中，从在位比较优势产业出发，其最有潜在比较优势的产业应该是在产业空间结构中与在位比较优势产业邻近度最高的产业，因为这两种产业所需要的生产能力差异最小，升级的成本与风险最小。因此，要筛选出沈阳市的接续产业，就需要设定邻近度阈值，即从一种产业跳跃到另一种产业的临界跳跃距离，只有在跳跃距离内的潜在比较优势产业才有可能成为沈阳市产业重构的接续产业。

1. 邻近度阈值的确定

邻近度阈值的设定直接影响了沈阳市接续产业的选择，因此确定邻近度阈值是选择沈阳市接续产业的重点与难点。按照接续产业选择的原则，要确定邻近度阈值，首先要比较不同阈值下沈阳市潜在比较优势产业的数量与种类，以确保在阈值范围内的目标产业集既存在一定数量的产业可供选择，防止出现产业断档风险，又能保障未来产业结构的多样化与层次性，保障城市经济的可持续发展。此外，产品空间理论认为，地区产业体系演化的过程就是地区产业由在位比较优势产业向潜在比较优势产业的转变。因此，根据阈值确定的潜在比较优势产业集应剔除已在该城市具有显示性比较优势的产业。

为了获得更加稳定准确的产业间技术邻近度值，本章利用 2003 ~ 2013 年全国四位数产业生产总值计算了不同年份的产业邻近度值，并将其平均作为产业间的邻近度。通过观察产业间的邻近度，发现不存在与沈阳市在位比较优势产业邻近度大于 0.6 的潜在比较优势产业；与沈阳市在位比较优势产业邻近度大于 0.5 的潜在比较优势产业为 23 个；与沈阳市在位比较优势产业邻近度大于 0.4 的潜在比较优势产业为 132 个；与沈阳市在位比较优势产业邻近度大于 0.3 的潜在比较优势产业为 281 个；与沈阳市在位比较优势产业邻近度大于 0.2 的潜在比较优势产业为 292 个；与沈阳市在位比较优势产业邻近度大于 0.1 的潜在比较优势产业仍为 292 个。根据产品空间理论，产业间的邻近度越高，地区产业重构所需要跨越的幅度就越小，产业重构就越容易成功。但是，从以上结果可以看出，与沈阳市在位比较优势产业邻近度较高的潜在比较优势产业数量较少，沈阳市若想通过跨越较小的技术距离实现产业重构难度较大。

图7－8显示了沈阳市潜在比较优势产业在不同阈值下数量的变化，横轴表示产业邻近度的阈值，纵轴表示该阈值下沈阳市潜在比较优势产业的数量。从图7－8可以看出，邻近度0.4是一个重要的阈值拐点，该阈值增大或减小都会显著影响沈阳市潜在比较优势产业的数量。如果阈值增加到0.5，沈阳市潜在比较优势产业的数量骤减至23个；如果阈值减小至0.3，沈阳市潜在比较优势产业激增至281个，几乎涵盖了除沈阳市在位比较优势产业以外的所有产业；而如果将阈值设定为0.35，则沈阳市潜在比较优势产业数量增加至232个。显然，阈值过大，入围潜在比较优势产业集合的产业数量太少，无法筛选出合适的接续产业进行转型发展；而阈值过小，一是增加了地区产业转型的难度与风险，二是入围潜在比较优势产业集合的产业数量过多，无法清晰准确地筛选出接续产业。因此，从潜在比较优势产业数量来看，选择沈阳市接续产业的邻近度阈值可以设定在0.4。

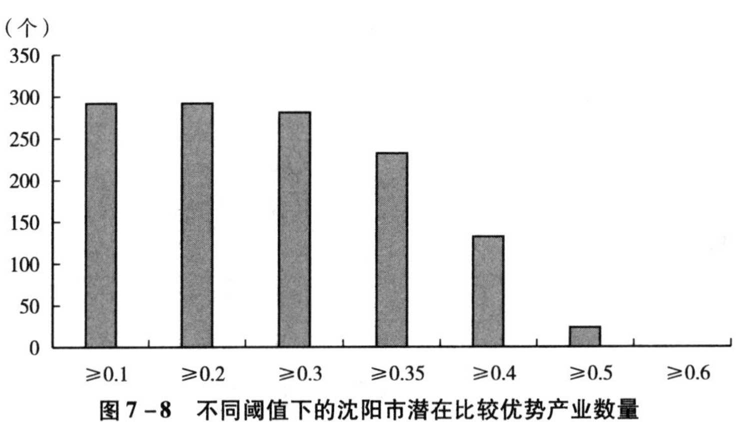

图7－8　不同阈值下的沈阳市潜在比较优势产业数量

但是，衰退型制造业城市在选择接续产业时不仅要考虑一定阈值下潜在比较优势产业的数量，还要考察该阈值下潜在比较优势产业的种类，以保障该地区产业结构的多样化和未来地区经济的可持续发展。从潜在比较优势产业的种类来看，如果将邻近度阈值设定为0.5，沈阳市仅存在潜在比较优势产业23个，主要分布在农副食品加工业、纺织业、金属制品业等16个两位数产业。从表7－3可以看出，如果将阈值设定为0.5，沈阳市可选择的接续产业种类较少，且主要为传统行业，技术含量高的先进制造业很少，未来进一步升级转型面临的困难较大。

表 7-3 邻近度阈值为 0.5 的沈阳市潜在比较优势产业

行业代码	行业名称
1331	食用植物油加工
1362	鱼糜制品及水产品干腌制加工
1369	其他水产品加工
1431	米、面制品制造
1540	精制茶加工
1711	棉、化纤纺织加工
1712	棉、化纤印染精加工
1923	皮箱、包（袋）制造
2021	胶合板制造
2221	机制纸及纸板制造
2440	玩具制造
2621	氮肥制造
3111	水泥制造
3482	金属制厨用器皿及餐具制造
3489	其他日用金属制品制造
3713	铁路机车车辆配件制造
3953	家用通风电器具制造
3956	家用美容、保健电器具制造
4041	电子计算机整机制造
4052	半导体分立器件制造
4130	钟表与计时仪器制造
4153	照相机及器材制造
4212	金属工艺品制造

表 7-4 比较了不同邻近度阈值下沈阳市潜在比较优势产业在两位数产业中的分布情况。从表中可以看出，如果将邻近度阈值设定为 0.4，沈阳市潜在比较优势产业则涵盖了除石油加工、炼焦及核燃料加工业和有色金属冶

炼及压延加工业之外的所有27个两位数制造业产业，产业结构多样化程度比较高，不仅包括纺织业、食品制造业、农副食品加工业等劳动密集产业、原材料加工等复杂度相对较低的传统制造业产业，也包括通信设备、计算机及其他电子设备制造业、化学原料及化学制品制造业、仪器仪表及文化、办公用机械制造业等复杂度较高的技术密集型行业。因此，本书认为，可以以邻近度0.4为阈值，设定与沈阳市在位比较优势产业的邻近度大于等于0.4的潜在比较优势产业集合为潜在接续产业集，以进一步筛选沈阳市的接续产业。

表7-4　不同邻近度阈值下沈阳市潜在比较优势产业分布

2位数产业	邻近度≥0.1	邻近度≥0.2	邻近度≥0.3	邻近度≥0.4	邻近度≥0.5
13 农副食品加工业	9	9	9	8	3
14 食品制造业	12	12	12	9	1
15 饮料制造业	8	8	8	2	1
16 烟草制品业	3	3	1	1	0
17 纺织业	20	20	20	12	2
18 纺织服装、鞋、帽制造业	3	3	3	3	0
19 皮革、毛皮、羽毛（绒）及其制品业	8	8	8	2	1
20 木材加工及木、竹、藤、棕、草制品业	2	2	2	2	1
21 家具制造业	3	3	3	2	0
22 造纸及纸制品业	3	3	3	1	1
23 印刷业和记录媒介的复制业	3	3	3	3	0
24 文教体育用品制造业	15	15	15	8	1
25 石油加工、炼焦及核燃料加工业	3	3	3	0	0
26 化学原料及化学制品制造业	26	26	25	12	1
27 医药制造业	3	3	3	3	0
28 化学纤维制造业	7	7	7	1	0
29 橡胶制品业	3	3	3	1	0
30 塑料制品业	4	4	4	2	0

续表

2位数产业	邻近度≥0.1	邻近度≥0.2	邻近度≥0.3	邻近度≥0.4	邻近度≥0.5
31 非金属矿物制品业	15	15	13	3	1
32 黑色金属冶炼及压延加工业	4	4	4	1	0
33 有色金属冶炼及压延加工业	14	14	8	0	0
34 金属制品业	12	12	12	5	2
35 通用设备制造业	11	11	11	2	0
36 专用设备制造业	22	22	22	7	0
37 交通运输设备制造业	17	17	17	7	1
39 电气机械及器材制造业	13	13	13	9	2
40 通信设备、计算机及其他电子设备制造业	19	19	19	14	2
41 仪器仪表及文化、办公用机械制造业	20	20	20	9	2
42 工艺品及其他制造业	10	10	10	3	1

2. 沈阳市接续产业的确定

按照地区经济发展规律，目标接续产业的技术复杂度要高于位于起点的在位优势产业。从产业空间结构来看，目标接续产业应该比起点产业更靠近产业空间的中心区域。从图 7－9 可以看出，在邻近度阈值为 0.4 条件下，潜在比较优势产业相对于沈阳市在位比较优势产业更趋向于产业空间结构的中心密集区，这说明总体来看，在阈值为 0.4 条件下，沈阳市的目标接续产业比在位比较优势产业的技术复杂度更高。

此外，为了促进衰退型制造业城市的可持续发展，衰退型制造业城市在产业重构过程中应选择演进潜力较高的潜在比较优势产业作为接续产业。产业的连通性是产业的演进潜力表现之一，产业的连通性越高，表明围绕该产业的网络关系越密切，意味着该产业附近存在较多的比较优势演化路径，有更多的机会进一步向潜在新产业转型升级。

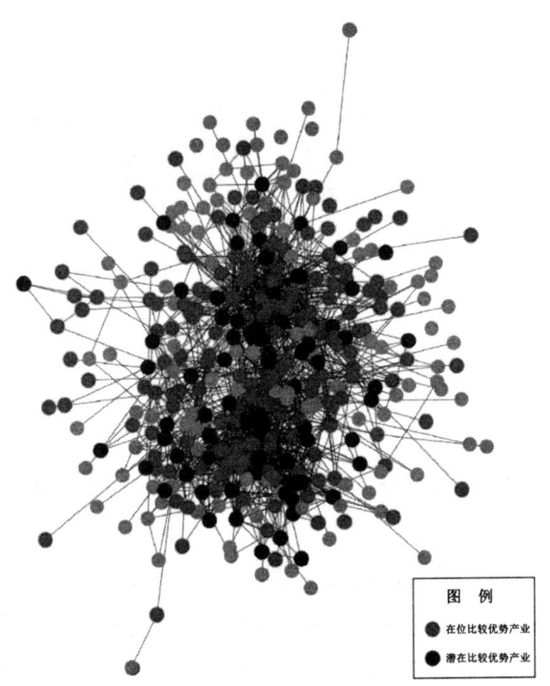

图7-9 沈阳市在位比较优势产业与潜在比较优势产业

因此，在沈阳市接续产业的进一步筛选中，本书参考张其仔（2014）的相关研究，以产业复杂度作为横轴，产业路径作为纵轴，对沈阳市潜在比较优势产业进行进一步的考察和筛选。

从图7-10中可以看出，产业复杂度与连通性并不呈现线性关系，即并不是技术含量高的产业其连通性就高。从技术复杂度来看，沈阳市潜在比较优势产业复杂度大于0的产业共计80个，主要分布于通信设备、计算机及其他电子设备制造业、电气机械及器材制造业、仪器仪表及文化、办公用机械制造业等两位数制造业产业。从产业连通性来看，沈阳市潜在比较优势产业路径大于所有制造业产业平均路径值88的产业有77个，主要分布于化学原料及化学制品制造业、纺织业、文教体育用品制造业、食品制造业等产业。

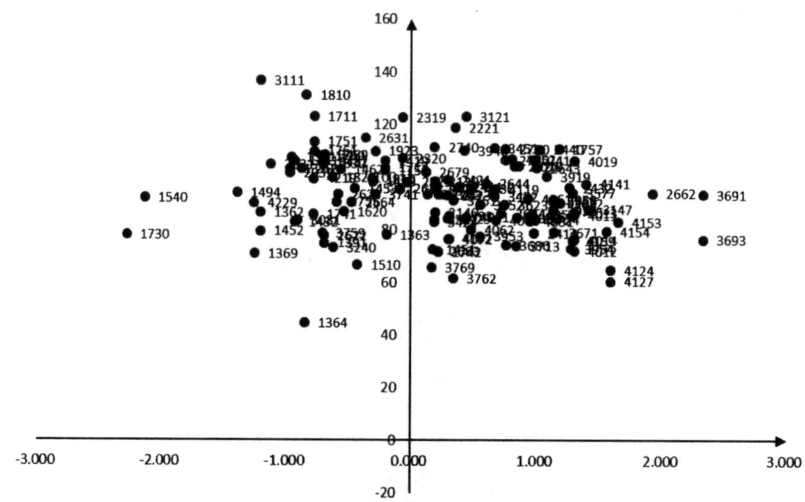

图 7－10　沈阳市潜在比较优势产业的技术复杂度与连通性

按照接续产业选择的原则，沈阳市接续产业的选择既要考虑产业的技术复杂度，又要考虑产业的连通性，因此，通过对沈阳市潜在比较优势产业复杂度和连通性的测算与综合比较，本书遴选出产业复杂度大于 0，且产业路径大于平均值 88 的产业作为沈阳市的接续产业，共计 40 个，主要分布于文教体育用品制造业、电气机械及器材制造业、化学原料及化学制品制造业、医药制造业、仪器仪表及文化、办公用机械制造业等产业（见表 7－5）。

表 7－5　　沈阳市接续产业名单

产业代码	产业名称	产业复杂度	路径
1757	无纺布制造	1.175	110.686
1763	丝针织品及编织品制造	0.219	93.519
2130	金属家具制造	0.193	98.288
2221	机制纸及纸板制造	0.352	118.957
2411	文具制造	0.380	96.391
2419	其他文化用品制造	0.974	106.437
2421	球类制造	0.290	99.033
2423	训练健身器材制造	0.290	93.245

续表

产业代码	产业名称	产业复杂度	路径
2432	西乐器制造	1.255	96.056
2440	玩具制造	1.019	110.575
2643	颜料制造	0.992	103.438
2644	染料制造	0.599	97.69
2662	专项化学用品制造	1.920	93.953
2679	其他日用化学产品制造	0.115	102.015
2720	化学药品制剂制造	0.751	110.82
2740	中成药制造	0.187	111.254
2770	卫生材料及医药用品制造	0.751	106.59
2920	橡胶板、管、带的制造	0.825	104.244
3070	塑料零件制造	0.853	104.294
3121	水泥制品制造	0.436	123.213
3451	建筑、家具用金属配件制造	0.660	111.059
3452	建筑装饰及水暖管道零件制造	0.660	92.903
3577	衡器制造	1.280	94.097
3632	农副食品加工专用设备制造	0.129	93.517
3691	环境污染防治专用设备制造	2.325	93.377
3919	微电机及其他电机制造	1.075	100.442
3940	电池制造	0.4215	109.986
4019	其他通信设备制造	1.295	106.185
4052	半导体分立器件制造	0.801	106.704
4119	供应用仪表及其他通用仪器制造	0.668	95.447
4130	钟表与计时仪器制造	0.473	95.857
4141	光学仪器制造	1.390	97.572
4212	金属工艺品制造	0.191	95.969

从产业空间结构来看（见图7－11），沈阳市接续产业主要位于技术联系密集的中心区域，说明这些产业技术含量相对较高，未来进一步转型升级路径相对较多，可以有力促进沈阳市制造业向高端市场延伸，有效规避沈阳

市制造业未来转型升级的断档风险，增强沈阳市地区经济的抗风险能力。同时，沈阳市接续产业分布于 17 个 2 位数制造业产业中，可以有效保障沈阳市产业结构的多样化，促进沈阳市经济增长保持在一个较快的增长速度。

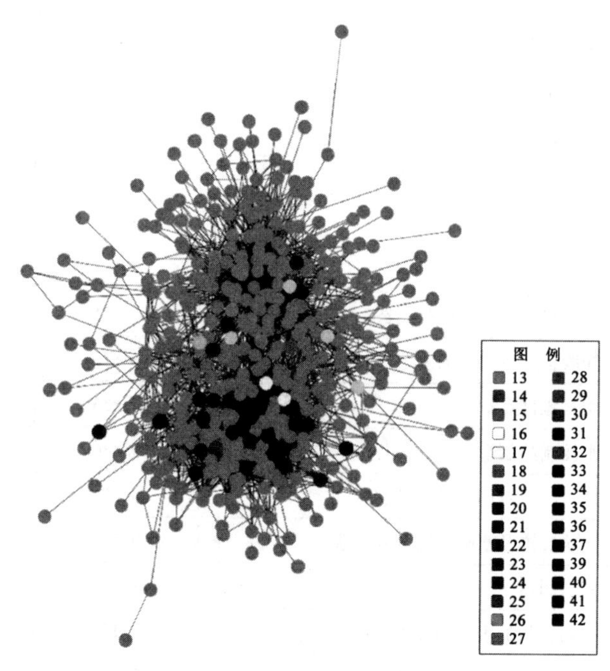

图 7 – 11　沈阳市接续产业

7.2.4　沈阳市替代产业的选择

研究证明，各个国家或地区在促进地区经济转型过程中，并非完全遵循比较优势演化的规律，有意识地偏离现有比较优势实现发展路径的突破亦是常态（张其仔等，2013）。因此，衰退型制造业城市在选择接替产业过程中，不仅要遵循比较优势演化规律筛选出近期可重点发展的产业，以遏制城市经济的衰退，促进城市经济的增长，更要在一定程度上偏离本地区的现有比较优势，培育新的地区经济增长点，促进城市经济的长期可持续发展。

1. 邻近度阈值的确定

根据替代产业选择的原则与方法，沈阳市替代产业的选择应在一定程

度上偏离沈阳市比较优势且不包含沈阳市在位比较优势产业和接续产业。根据前面对产业间技术邻近度的测算与分析可知，邻近度大于等于0.4的潜在比较优势产业与沈阳市在位比较优势产业的技术距离相对较近，重构难度较小，是沈阳市接续产业选择的主要目标。但是，仅仅发展这些产业容易使沈阳市经济发展陷入路径锁定，不利于实现地区的持久繁荣。因此，应在一定程度上偏离沈阳市现有的比较优势，选择一部分与沈阳市在位比较优势产业技术距离较远的潜在比较优势产业进行培育发展，创造城市新的经济增长点，增强沈阳市产业结构的多样化和层次性。鉴于此，本书认为，可以从邻近度小于0.4的潜在比较优势产业中遴选出技术复杂度相对较高、可演进潜力相对较大的产业作为沈阳市的替代产业进行重点支持和培育，以增强沈阳市地区经济抵御风险的能力，促进地区经济实现可持续发展。

2013年，与沈阳市在位比较优势产业邻近度小于0.4的潜在比较优势产业共计160个，主要分布于专用设备制造业、化学原料及化学制品制造业、有色金属冶炼及压延加工业、非金属矿物制品业、仪器仪表及文化、办公用机械制造业等2位数产业。从产业空间结构来看，与沈阳市在位比较优势产业邻近度小于0.4的潜在比较优势产业既包括位于产业结构边缘地区的劳动密集型产业，如有色金属冶炼及压延加工业、非金属矿物制品业等，也包括一些位于产业结构中心位置的通用设备制造业、仪器仪表制造等技术密集型产业（见图7-12）。

2. 替代产业的确定

选择替代产业应更侧重于选择技术复杂性高、可演进潜力大的潜在比较优势产业，因此，对160个邻近度小于0.4的潜在比较优势产业进一步考察，发现产业复杂度大于0的产业共计109个，主要分布在专用设备制造业、仪器仪表及文化、办公用机械制造业、非金属矿物制品业、通用设备制造业、化学原料及化学制品制造业等领域；从产业连通性来看，产业路径大于所有制造业产业路径平均值88的产业共计45个，主要分布于化学原料及化学制品制造业、通用设备制造业、专用设备制造业、金属制品业等领域（见图7-13）。

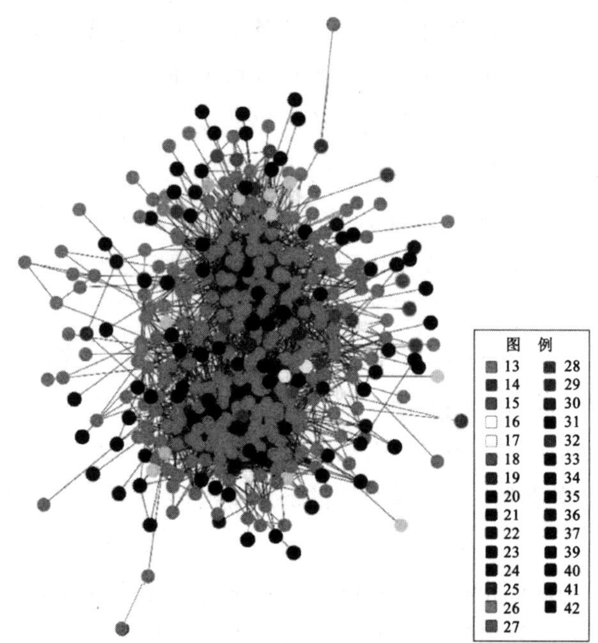

图7－12　沈阳市邻近度小于0.4的潜在比较优势产业

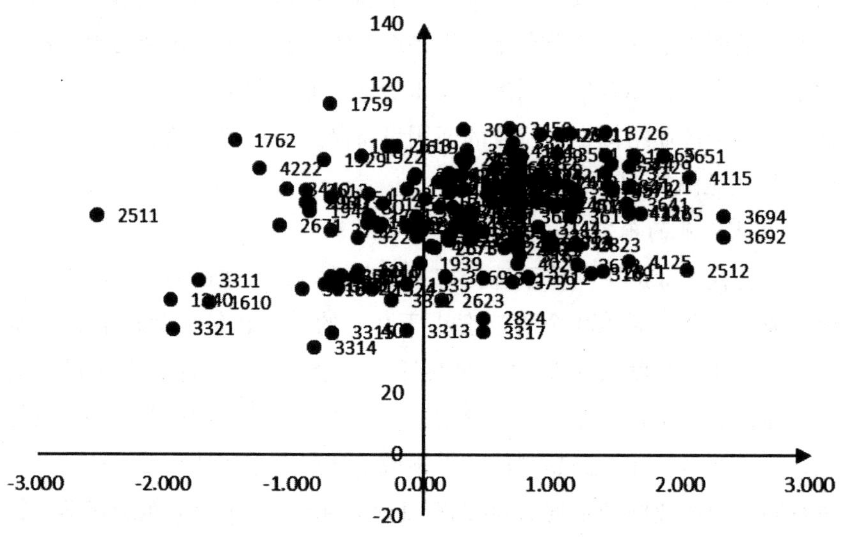

图7－13　邻近度小于0.4的沈阳市潜在比较优势产业复杂度与连通性

按照替代产业选择的原则，沈阳市替代产业的选择应既注重产业的技术复杂度，又注重产业的连通性，因此，通过对邻近度小于0.4的沈阳市潜在比较优势产业复杂度和连通性的测算与综合比较，本书遴选出产业复杂度大于0且产业路径大于平均值88的产业作为沈阳市的替代产业，共计36个（见表7-6），主要分布于通用设备制造业、化学原料及化学制品制造业、金属制品业、专用设备制造业等产业。

表7-6 沈阳市替代产业名单

产业代码	产业名称	产业复杂度	路径
1752	毛制品制造	0.112	88.573
2412	毛制品制造	0.245	90.605
2422	体育器材及配件制造	0.290	95.971
2452	游艺用品及室内游艺器材制造	1.019	88.488
2611	无机酸制造	1.045	104.02
2651	初级形态的塑料及合成树脂制造	0.296	90.702
2659	其他合成材料制造	0.566	93.197
2665	信息化学品制造	1.620	97.373
2950	日用及医用橡胶制品制造	0.313	94.378
3010	塑料薄膜制造	0.304	105.466
3199	其他非金属矿物制品制造	0.748	97.215
3351	常用有色金属压延加工	0.693	101.347
3421	切削工具制造	0.901	90.896
3429	其他金属工具制造	0.901	103.949
3453	安全、消防用金属制品制造	0.660	89.791
3459	其他建筑、安全用金属制品制造	0.660	105.841
3511	锅炉及辅助设备制造	0.829	88.728
3512	内燃机及配件制造	1.400	97.08
3551	轴承制造	1.032	97.622
3573	制冷、空调设备制造	0.551	92.357
3574	风动和电动工具制造	1.450	94.393
3592	锻件及粉末冶金制品制造	0.342	95.892
3624	木材加工机械制造	0.743	90.5
3651	纺织专用设备制造	1.855	97.173
3659	其他服装加工专用设备制造	0.743	92.261
3662	电子工业专用设备制造	0.743	89.297

续表

产业代码	产业名称	产业复杂度	路径
3726	汽车修理	1.405	104.811
3732	摩托车零部件及配件制造	1.405	91.723
3742	助动自行车制造	0.332	98.817
3911	发电机及发电机组制造	1.125	104.428
4032	广播电视接收设备及器材制造	0.706	94.605
4114	实验分析仪器制造	0.668	98.884
4115	试验机制造	2.055	89.965
4129	其他专用仪器制造	1.585	93.788
4211	雕塑工艺品制造	0.191	91.326
4217	地毯、挂毯制造	0.191	90.498

从产业空间结构来看（见图7-14），沈阳市替代产业也主要位于技术联系密集的中心区域，说明这些产业技术含量与连通性都比较高。在促进接

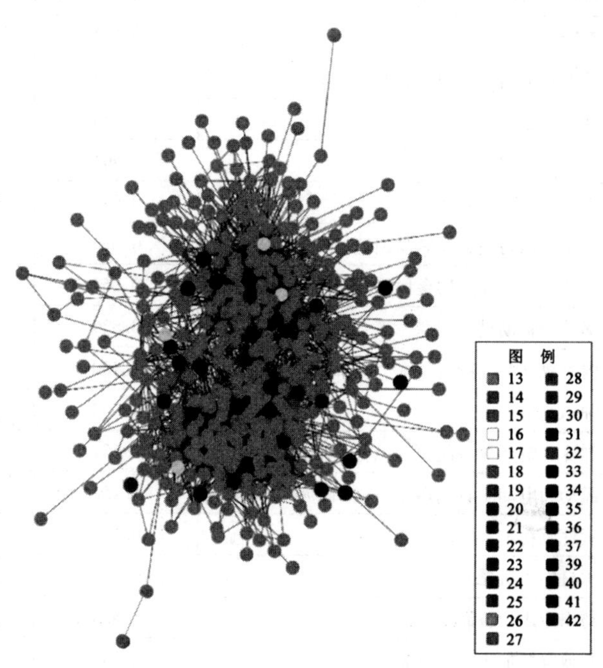

图7-14 沈阳市替代产业

续产业发展的同时，通过对替代产业的培育，沈阳市可以进一步增强产业结构的多样化和层次性，在保证地区经济持续发展的同时，可以通过培育新的经济增长点，增强未来沈阳市地区经济的抗风险能力，促进沈阳市实现可持续发展。

7.3 沈阳市接替产业发展评价

根据产品空间理论，本书基于2013年沈阳市工业企业数据，共筛选出76个接替产业（见图7－15），其中，接续产业40个，替代产业36个。从产业类型来看，这些接替产业分布在18个2位数制造业产业中，主要集中于专用设备制造业、通用设备制造业、非金属矿物制品业、电气机械和器材制造业等产业，可以有力保障沈阳市产业结构的多样化。从产业空间结构来看，这些接替产业主要分布于产业空间的中心区域，产业间联系密集，技术距离较短，一定程度上说明这些产业的技术复杂度较高，通达性较好，未来产业转型升级能力较强。

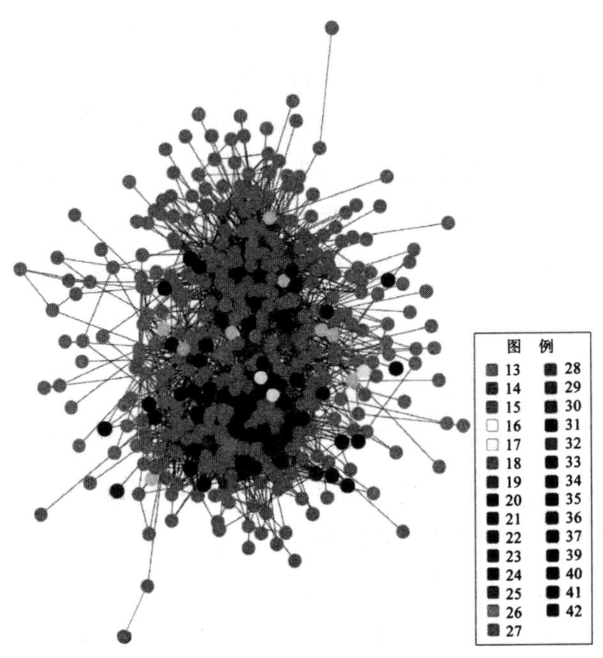

图7－15　沈阳市接替产业

7.3.1 数据来源及研究方法

沈阳市接替产业评价的数据主要来源于沈阳市统计局网站公布的《沈阳统计年鉴（2014）》以及《沈阳统计年鉴（2018）》。《沈阳统计年鉴》是一部综合性、权威性的统计年刊，2012 年开始执行《国民经济行业分类》（GB/T 4754—2011）的标准，数据包括工业总产值、工业销售值、出口交货值、企业单位数等规模以上工业企业主要经济指标。《沈阳统计年鉴（2014）》及《沈阳统计年鉴（2018）》辑入的数据分别以 2013 年和 2017 年为主，全面、翔实地反映了沈阳市当年的国民经济和社会发展情况。

由于《沈阳统计年鉴（2014）》及《沈阳统计年鉴（2018）》统计数据执行的是《国民经济行业分类》（GB/T 4754—2011）标准，且以制造业三位数行业作为数据统计来源，而前面对于沈阳市接替产业的选择是按照《国民经济行业分类》（GB/T 4754—2002）标准且以制造业四位数行业作为数据来源进行的，因此，为了考察 2017 年沈阳市接替产业的发展现状，本书根据国家统计局《国民经济行业分类》历次调整说明，将前面遴选出来的四位数接替产业分别对接为 GB/T 4754—2011 分类标准，最终获得 34 个三位数接续产业和 27 个三位数替代产业。

接替产业评价的主要目的在于考察沈阳市产业重构方向是否与遴选出的接替产业一致，因此，本书主要基于沈阳市制造业三位数行业的生产总值占该年沈阳市制造业生产总值的比例变化来考察接替产业在沈阳市产业结构中地位的变化，分析沈阳市产业重构状态，为沈阳市构建现代产业体系提供参考和建议。

7.3.2 接续产业发展评价

从表 7－7 中可以看出，与 2013 年相比，2017 年共计有 9 个接续产业在沈阳市制造业产业结构中的比重有所上升，发展趋势向好。其中，上升幅度最大的产业是橡胶制品业，其次是化学药品制剂制造业、电机制造业、电池制造业和造纸业。另外，2013 年衡器制造业尚未有规模以上工业企业数据纳入统计年鉴，但 2017 年已有两家规模以上企业，实现了 5007 万元的行业生产总值，在沈阳市制造业产业结构中的重要性不断提升。但是，在 34 个接续产业中有 22 个产业在沈阳市制造业产业结构中的重要性有所下降，其中下降幅度最大的是塑料制品业，其次是化工、木材、非金属加工专用设备制造业，石膏、水泥制品及类似制品制造业，专用化学产品制造业，以及涂料、油墨、颜料及类似产品制造业。此外，针织或钩针编织物及其制品制造业、非家用纺织制成品制造业、金属家具制造业、体育用品制造业、玩具制造业及钟表与计时仪器制造业 6 个制造业行业衰退比较严重，到 2017 年规模以上工业企业生产总值已降为 0。另外，乐器制造业、船舶及相关装置制造业以及光学仪器及眼镜制造业 3 个制造业行业发展缓慢，在 2013 ~ 2017 年均未有相关企业达到规模以上，有待于进一步发展。

表 7－7　　2013 ~ 2017 年沈阳市接续产业在制造业产业中的比重

接续产业	2013 年比重	2017 年比重	比重变化
针织或钩针编织物及其制品制造	0. 00037	0. 00000	－0. 00037
非家用纺织制成品制造	0. 00137	0. 00000	－0. 00137
金属家具制造	0. 00140	0. 00000	－0. 00140
造纸	0. 00160	0. 00323	0. 00163
文教办公用品制造	0. 00011	0. 00006	－0. 00005
乐器制造	0. 00000	0. 00000	0. 00000
工艺美术品制造	0. 00542	0. 00122	－0. 00420
体育用品制造	0. 00039	0. 00000	－0. 00039
玩具制造	0. 00009	0. 00000	－0. 00009
涂料、油墨、颜料及类似产品制造	0. 00647	0. 00158	－0. 00489
专用化学产品制造	0. 00973	0. 00339	－0. 00634
日用化学产品制造	0. 00125	0. 00133	0. 00008
化学药品制剂制造	0. 00531	0. 00985	0. 00454
中成药生产	0. 00261	0. 00146	－0. 00114
卫生材料及医药用品制造	0. 00004	0. 00005	0. 00001
橡胶制品业	0. 01252	0. 01827	0. 00575
塑料制品业	0. 04043	0. 00780	－0. 03263

续表

接续产业	2013 年比重	2017 年比重	比重变化
石膏、水泥制品及类似制品制造	0.01289	0.00646	-0.00643
建筑、安全用金属制品制造	0.00119	0.00094	-0.00025
衡器制造	0.00000	0.00013	0.00013
化工、木材、非金属加工专用设备制造	0.00990	0.00140	-0.00850
食品、饮料、烟草及饲料生产专用设备制造	0.00203	0.00052	-0.00151
农、林、牧、渔专用机械制造	0.00218	0.00068	-0.00150
环保、社会公共服务及其他专用设备制造	0.00456	0.00211	-0.00245
船舶及相关装置制造	0.00000	0.00000	0.00000
电机制造	0.00732	0.01019	0.00287
电池制造	0.00152	0.00346	0.00194
家用电力器具制造	0.00140	0.00229	0.00089
通信设备制造	0.00880	0.00486	-0.00394
电子器件制造	0.00297	0.00266	-0.00030
电子元件制造	0.00511	0.00158	-0.00353
通用仪器仪表制造	0.00436	0.00253	-0.00183
钟表与计时仪器制造	0.00001	0.00000	-0.00001
光学仪器及眼镜制造	0.00000	0.00000	0.00000

从以上分析可以看出，2013～2017 年，沈阳市接续产业总体发展缓慢，只有医药制造业、通用设备制造业、电气机械和器材制造业等部分技术密集型产业向好发展，多数传统产业甚至部分高技术产业在沈阳市制造业产业结构中的比重都有所下降。这说明近年来沈阳市在产业重构过程中并未完全遵循比较优势演化规律，接续产业并未得到充分发展。

7.3.3 替代产业发展评价

从表 7-8 可以看出，2013 年和 2017 年，仅烘炉、风机、包装等设备制造，橡胶制品业，其他金属制品制造，电机制造，游艺器材及娱乐用品制造 5 个制造业行业比重得到了提高，其中，提高幅度最大的是烘炉、风机、包装等设备制造业，这说明该产业近几年得到了快速发展。

表7-8　　2013年和2017年沈阳市替代产业在制造业产业中的比重

替代产业	2013年比重	2017年比重	比重变化
家用纺织制成品制造	0.00034	0.00000	-0.00034
文教办公用品制造	0.00011	0.00006	-0.00005
工艺美术品制造	0.00542	0.00122	-0.00420
体育用品制造	0.00039	0.00000	-0.00039
游艺器材及娱乐用品制造	0.00006	0.00024	0.00017
基础化学原料制造	0.00398	0.00067	-0.00331
合成材料制造	0.00245	0.00129	-0.00115
专用化学产品制造	0.00973	0.00339	-0.00634
橡胶制品业	0.01252	0.01827	0.00575
塑料制品业	0.04043	0.00780	-0.03263
石墨及其他非金属矿物制品制造	0.00142	0.00044	-0.00098
有色金属压延加工	0.01535	0.00762	-0.00774
金属工具制造	0.00171	0.00025	-0.00147
建筑、安全用金属制品制造	0.00119	0.00094	-0.00025
其他金属制品制造	0.00979	0.01296	0.00317
锅炉及原动设备制造	0.00435	0.00113	-0.00322
轴承、齿轮和传动部件制造	0.00324	0.00198	-0.00126
烘炉、风机、包装等设备制造	0.01553	0.02049	0.00496
化工、木材、非金属加工专用设备制造	0.00990	0.00140	-0.00850
纺织、服装和皮革加工专用设备制造	0.00101	0.00037	-0.00064
电子和电工机械专用设备制造	0.00244	0.00070	-0.00174
摩托车制造	0.00000	0.00000	0.00000
自行车制造	0.00000	0.00000	0.00000
电机制造	0.00732	0.01019	0.00287
广播电视设备制造	0.00027	0.00000	-0.00027
通用仪器仪表制造	0.00436	0.00253	-0.00183
专用仪器仪表制造	0.00044	0.00010	-0.00034

另外，与2013年相比，塑料制品业，化工、木材、非金属加工专用设备制造，有色金属压延加工，专用化学产品制造等21个制造业行业在整个沈阳市制造业产业结构中所占比重有所下降，说明这些产业尚未得到充分重视和发展，没有成为沈阳市产业重构的重点培育目标。其中，家用纺织制成品制造、工艺美术品制造、广播电视设备制造、摩托车制造4个制造业行业已分别由2013年的45795万元、722739万元、36554万元、490万元规模以上工业企业生产总值衰退为2017年的规模以上工业企业生产总值为0。此外，本书认为自行车制造，尤其是助动自行车制造作为技术复杂度相对较高（产业复杂度为0.332）、连通性较好（路径为98.817）的制造业产业，可以作为沈阳市替代产业进行培育。但是，从2013～2017年自行车制造业发展来看，自行车制造业一直未能发展壮大，甚至截止到2017年仍未有规模以上企业进入统计范围。

从以上分析可以看出，沈阳市替代产业尚未得到培育和发展，大多数产业在沈阳市制造业产业结构中的地位甚至发生了衰退，这不仅不利于促进沈阳市制造业产业结构实现多样化，更不利于沈阳市偏离现有比较优势培育新的经济增长点，从长远发展来看，不利于实现沈阳市地区经济的可持续发展。

7.4 沈阳市接替产业发展建议

通过分析沈阳市接替产业在2013～2017年的发展情况可以看出，沈阳市的产业发展并未完全遵循比较优势演化规律。而根据第4章的测算结果可以得知，沈阳市的衰退主要发生在2011～2016年期间。由此可以看出，沈阳市现有的产业发展路径并未带领沈阳市经济实现振兴，反而进一步加剧了衰退的趋势。

沈阳市在“十三五”规划中指出，要全面实施工业企业倍增计划、智能制造升级计划和优势产能走出去计划，建设新型、可持续发展的“2445”工业体系，加快制造业由传统制造向智能制造、高端制造、绿色制造转变。

为了实现地区高质量发展，本书建议加快促进接续产业的发展，实现沈阳市制造业产业结构的顺利转型升级。同时，加强替代产业的培育，加快培育新的经济增长点，促进沈阳市制造业实现可持续发展。

首先，尽快出台相关政策措施，加快推进沈阳市接续产业的发展，促进沈阳市制造业顺利向接续产业转型升级。

一是继续促进橡胶制造业、化学药品制剂制造业、电机制造业、电池制造业等9个接续产业向好发展。重点促进机制纸及纸板制造，日用化学产品制造，化学药品制剂制造，卫生材料及医药用品制造，橡胶板、管、带的制造，衡器制造，微电机及其他电机制造，电池制造，家用空气调节器制造等接续产业的发展。

二是加大力量促进塑料制品业、文教体育用品制造业、专用设备制造业、化学产品制造业以及电气机械及器材制造业等产业发展，提升接续产业发展速度和水平。重点促进中成药制造、金属制品制造、农副食品加工专用设备制造、机械化农业及园艺机具制造、通信设备制造、电子器件制造、通用仪器仪表制造、体育用品制造、文教办公用品制造等接续产业的发展。

三是制定相应措施培育和引进乐器制造业、船舶及相关装置制造业以及光学仪器制造业，促进这些产业在本地发展壮大，从而带动沈阳市地区经济发展。

其次，加强沈阳市替代产业发展规划，制定相应政策措施有序推动替代产业的发展，培育沈阳市地区经济增长的新动能，促进沈阳市制造业实现可持续发展。

一是继续促进游艺用品及室内游艺器材制造、日用及医用橡胶制品制造、制冷、空调设备制造、锻件及粉末冶金制品制造、发电机及发电机组制造等替代产业的发展，不断提高这些产业的经济效益和社会效益，增强市场竞争力。

二是大力发展基础化学原料制造、专用化学产品制造、金属工具制造、轴承制造、专用设备制造、仪器仪表制造等替代产业，重点培育信息化学品制造、内燃机及配件制造、风动和电动工具制造、电子工业专用设备制造、实验分析仪器制造等高技术复杂度和高连通性产业，增强沈阳市制造业产业结构的多样化，提升这些产业对沈阳市制造业发展的带动作用。

三是积极培育和引进助动自行车等技术含量相对较高、连通性较好的替代产业，不断挖掘和开发制造业发展新动能，壮大地区经济优势产业规模和种类，形成多元化、多梯度的制造业产业结构，提高本地区抗风险能力。

7.5 本章小结

本章基于2013年沈阳市4位数产业的生产数据探讨衰退型制造业城市在产业重构过程中应如何选择接替产业。在此基础上，对比“十三五”规划以来沈阳市产业发展现状，评价沈阳市产业重构的经验与教训，提出未来沈阳市产业发展的相关建议。主要结论如下：

第一，2013年，沈阳市在位比较优势产业为182个，从产业种类上来看，主要集中于专用设备制造业，通用设备制造业，非金属矿物制品业，电气机械和器材制造业，金属制品业以及木材加工和木、竹、藤、棕、草制品业等；从生产总值来看，居于前5位的依然是汽车制造业、通用设备制造业、农副食品加工业、电气机械和器材制造业及非金属矿物制品业。从产业空间结构来看，2013年沈阳市在位比较优势在全国产业空间图中分布比较均衡，已有部分产业位于产业空间结构的核心区域，与其他产业间的联系比较密集。但是，也有部分产业处于产业空间结构的外围区，与其他产业联系稀疏且技术距离较远，在未来转型升级发展中面临较大的困难。

第二，与沈阳市在位比较优势产业技术关联紧密的潜在比较优势产业数量较少，沈阳市通过跨越较小的技术距离实现产业重构的难度较大。从邻近度阈值来看，对沈阳市来说，邻近度0.4是一个重要的阈值拐点，该阈值增加或减小都显著影响了沈阳市潜在比较优势产业的数量和产业种类，因此可以以邻近度0.4为阈值，设定与沈阳市在位比较优势产业的邻近度大于等于0.4的潜在比较优势产业集合为潜在接续产业集，邻近度小于0.4的潜在比较优势产业为潜在替代产业集。

第三，通过对沈阳市潜在比较优势产业复杂度和连通性的测算与综合比较，本书共遴选出40个接续产业，主要分布于文教体育用品制造业，电气机械及器材制造业，化学原料及化学制品制造业，医药制造业，仪器仪表及文化、办公用机械制造业等17个2位数制造业产业中，可以有效保障沈阳市产业结构的多样化。从产业空间结构来看，沈阳市接续产业主要位于技术联系密集的中心区域，未来进一步转型升级路径相对较多，有利于实现地区可持续发展。

第四，通过对邻近度小于0.4的沈阳市潜在比较优势产业复杂度和连通性的测算与综合比较，本书遴选出36个替代产业，主要分布于通用设备制造业、化学原料及化学制品制造业、金属制品业、专用设备制造业等产业。从产业空间结构来看，沈阳市替代产业也主要位于技术联系密集的中心区域，说明这些产业技术含量与连通性都比较高。

第五，2013~2017年，沈阳市接续产业总体发展缓慢，只有医药制造业、通用设备制造业、电气机械和器材制造业等部分技术密集型产业向好发展，多数传统产业甚至部分高技术产业在沈阳市制造业产业结构中的比重都有所下降。与2013年相比，2017年共有9个接续产业在沈阳市制造业产业结构中的比重有所上升，发展趋势向好。其中，上升幅度最大的产业是橡胶制品业，其次是化学药品制剂制造业、电机制造业、电池制造业和造纸业。有22个产业在沈阳市制造业产业结构中的重要性有所下降，其中下降幅度最大的是塑料制品业，其次是化工、木材、非金属加工专用设备制造业，石膏、水泥制品及类似制品制造业，专用化学产品制造业以及涂料、油墨、颜料及类似产品制造业。此外，针织或钩针编织物及其制品制造业、非家用纺织制成品制造业、金属家具制造业、体育用品制造业、玩具制造业及钟表与计时仪器制造业6个制造业行业衰退比较严重。乐器制造业、船舶及相关装置制造业以及光学仪器及眼镜制造业3个制造业行业发展缓慢，在2013至2017年间均未有相关企业达到规模以上，有待于进一步发展。

第六，沈阳市替代产业尚未得到培育和发展，大多数产业在沈阳市制造业产业结构中的地位甚至发生了衰退。2013~2017年，仅烘炉、风机、包装等设备制造业，橡胶制品业，其他金属制品制造，电机制造，游艺器材及娱乐用品制造5个制造业行业比重得到了提高，其中，提高幅度最大的是烘炉、风机、包装等设备制造业。同时，塑料制品业，化工、木材、非金属加工专用设备制造，有色金属压延加工，专用化学产品制造等21个制造业行业在整个沈阳市制造业产业结构中所占比重有所下降。此外，从2013~2017年自行车制造业发展来看，自行车制造业一直未能发展壮大，甚至截止到2017年仍未有规模以上企业进入统计范围。

第七，为了促进沈阳市产业重构目标的顺利进行，一方面，应尽快出台相关政策措施，加快推进沈阳市接续产业的发展，促进沈阳市制造业顺利向接续产业转型升级；另一方面，应加强沈阳市替代产业发展规划，制定相应政策措施有序推动替代产业的发展，培育沈阳市地区经济增长的新动能，促进沈阳市制造业实现可持续发展。

第8章 衰退型制造业城市产业重构的对策建议

针对我国衰退型制造业城市存在的问题，借鉴日本北九州、英国曼彻斯特、美国匹兹堡和底特律等国际上典型的衰退型制造业城市产业重构的经验，提出推进我国衰退型制造业城市产业重构的对策与建议。

8.1 国外衰退型制造业城市产业重构的经验与启示

国外的萧条型老工业区是与衰退型制造业城市相近的概念。曼彻斯特、匹兹堡、北九州等制造业城市曾经是欧洲、美国、日本等发达国家和地区的经济支柱，但是在20世纪六七十年代许多发达国家开始推进“去工业化”进程，一些制造业城市逐渐步入“后工业化”时代，服务业成为新的经济增长点，但也有一些制造业城市却进入了经济衰退的轨道，城市发展逐渐面临很大困难。各国政府为了振兴这些衰退的制造业城市采取了很多措施，但成效不一，为我国衰退型制造业城市产业重构提供了宝贵的经验和教训。

8.1.1 日本北九州

九州岛北端的北九州市是日本重要的制造业城市和港口城市之一。北九州市的制造业历史可以追溯到100多年以前的国营八幡制铁所，是日本最早的工业区之一，而后食品加工、制陶、化工、钢铁等制造业陆续向北九州集中，使其一跃成为日本四大工业地区之一，1935年，北九州工业产值占到日本全国的8.3%。但是，随着日本产业结构发生变化和制造业布局东移，北九州开始出现产业衰退和经济衰落。1960年，北九州工业产值占到日本的4%，但到1969年就下滑到2.2%。1978年，日本《特定产业安定临时措施法》将北九州的支柱产业，如平炉炼钢、炼铝、造船、化肥等认定为“结构性萧条产业”。此后，北九州的制造业进一步衰落。到1980年，其在全日本工业中的比重已经下降到1.2%，且制造业从业人员也不断减少。随着制造业的衰退，北九州的城市基础设施欠账也越来越多，失业问题也日益突出，直接影响了城市经济发展和社会稳定（王雪娇等，2016）。

为了应对这种困难局面，北九州政府采取了一系列改革措施：一是振兴传统产业，寻求产业的多元化发展。二是大力发展新兴产业。通过兴建现代化工业园区和改善本地区的基础设施大力吸引外来企业不断迁入，促进本地区的多元化经营，从而集聚了一批新兴产业，其中最典型的是集成电路产业。三是促进产业创新。建设了“学术研究城”，为产业创新提供智力支撑，在机器人、半导体、生物、环保等多个领域开展联合研究，成功引进了日本早稻田大学、英国克拉菲尔德大学、德国国立信息处理研究所、新日铁公司等研究机构和企业。四是积极发展旅游业，实现了产业结构的转换。依托独特的工业资源发展工业旅游，从而带动第三产业发展。截至2000年，北九州市的第二产业比重就由1965年的40%下降到27.9%，而第三产业比重则由1965年的56.6%上升到69.9%（王雪娇等，2016）。五是加大对环境的治理力度。一方面，优化环境，吸引企业和人口集聚；另一方面，通过发展环境产业带动其他产业发展，培育出了一批拥有先进环保技术的企业。六是制定一系列保障政策措施，对失业工人进行补贴和再就业培训，为工业区居民的生活、生产提供保障。经过多年的振兴发展，北九州已成功实现了产业重构，成为日本高科技产业、新兴工业的主要基地，经济重新焕发了活力。

8.1.2 英国曼彻斯特

有着“棉都”称号的曼彻斯特是工业革命的发源地之一，也是英国重要的制造业中心。曼彻斯特以前以亚麻和毛纺业为主，到19世纪五六十年代，曼彻斯特的制造业开始转向棉产品深加工和棉纺织机械制造，后来制造业行业越来越多，尤其是纺织业、通用机械业、食品加工业等行业在英国占有重要地位。1860年曼彻斯特就成为世界上工业化程度最高的城市，进入发展极盛时期，赢得了“世界工厂”的美誉。但是，自 20 世纪七八十年代以来，曼彻斯特的棉纺织业开始出现严重的衰退。传统制造业的衰落导致曼彻斯特的经济也陷入衰退，被迫走上转型发展之路。

曼彻斯特采取的主要政策措施包括：一是通过提高第三产业发展水平，促进产业结构升级。曼彻斯特大力发展了商务服务产业、区域零售服务业、金融服务业和航空服务业等产业，促进产业结构从以工业为主转向以服务业为主，经过多年调整，曼彻斯特已经发展成为英格兰西北部的商务中心和服务业中心。二是促进新兴产业发展。一方面，大力培育新兴制造业产业，促进曼彻斯特制造业从传统产业向新兴产业转变；另一方面，积极推行城市文化复兴计划，加强文化基础设施建设，大力发展创意产业、体育产业、教育产业等新兴创意休闲产业，曼彻斯特逐步成为以文化、创意、旅游为特色的“创意产业之都”。三是多途径增强配套政策。一方面设置专门的独立于政府的支撑机构，如城市开发公司、城市更新机构和英国伙伴公司等，吸引民间投资，促进基础设施建设；另一方面，通过设置企业区等特殊政策区，增强各类发展资源的集聚效应。

8.1.3　美国匹兹堡

匹兹堡有便利的交通条件和丰富的煤炭资源，是美国最大的钢铁生产基地，也曾有“世界钢都”之称。美国内战期间，匹兹堡的钢铁工业和武器制造业得到飞速发展，为美国提供了一半以上的钢铁和 1/3 以上的玻璃。第二次工业革命期间，匹兹堡开始大力发展制造业经济。1899 年，卡内基钢铁公司成为当时世界上最大的钢铁公司，钢铁产业和焦炭产业成为匹兹堡的支柱产业，同时还拥有铝冶炼与加工业、玻璃生产与加工业等多个制造业部门，成为世界上最主要的制造业城市之一。到 1910 年，匹兹堡已发展成为美国第八大城市，人口达 50 余万人。但是，自 1910 年以后，受能源结构及技术进步等因素的影响，匹兹堡对钢铁企业的吸引力逐渐减小，经济增长开始出现停滞，并由此导致出现工人失业和人口外流等一系列社会问题。20 世纪 80 年代初，仅钢铁行业失业人口就达 12 万人，匹兹堡陷入深度衰退之中（袁建峰，2015）。

匹兹堡政府开始通过三次“复兴计划”推进城市经济转型，主要措施包括：一是积极促进产业结构多样化。一方面，依托匹兹堡雄厚的制造业基础，大力发展高新技术产业，尤其是规模小却更具有竞争力的制造业；另一方面，通过建立科学、艺术、教育等多种文化区，大力发展教育医疗产业和文化产业，促进经济结构的多样化。二是积极推进战略新兴产业发展。从20世纪80年代开始，积极通过创建“高新技术产业园”促进生物医药、信息技术等战略新兴产业的发展，为匹兹堡的经济转型提供了强大的驱动力。三是充分发挥教育机构的智力支持作用。一方面，依托卡内基—梅隆大学创建了多个计算机和机器人研究机构，大大促进了匹兹堡在信息科技领域的发展；另一方面，充分利用匹兹堡大学和卡内基—梅隆大学等多所高校的人才和智力资源，把关企业研发，发展高新技术产业。四是大力加强环境治理。通过成立专门的烟控局，实施烟雾控制法令，促进能源结构转换，最终促进匹兹堡由“烟雾之都”转变为美国最宜居的城市之一。通过一系列的措施，匹兹堡已经成功摆脱了衰退趋势，实现了经济转型发展。目前，谷歌、苹果、微软等多家公司已入驻匹兹堡，传统制造业减少的就业机会也已经由新兴制造业和服务业填补。

8.1.4 美国底特律

美国南北战争后，借助优越的地理区位，炼铜成为底特律最大的产业，并助其迅速发展为工业城市。1898年，兰索姆·E. 奥兹在底特律创办了第一家汽车厂，从此拉开了底特律汽车工业经济的帷幕。此后，三大汽车巨头福特、通用和克莱斯勒逐渐齐聚底特律，“汽车城”成了底特律的名片，底特律逐渐成为美国最重要的汽车制造厂的集聚地。到19世纪90年代，底特律的汽车、火炉制造和造船等制造业得到长足的发展，毛制品、烟草、鞋靴、肥皂、蜡烛、种子、药品等制造业也发展迅速，使得底特律一举成为美国重要的制造业中心和美国第十三大城市。20世纪初时，其汽车年产量达到两万辆以上。到20世纪50年代，借助汽车工业的发展，底特律已成为拥有180万人口的美国第五大城市。但是，自1990年以来，随着汽车工业的不景气，底特律的失业现象逐渐加重，到2009年甚至达到了24.9%。工业的衰退使得底特律的城市地位严重下降，人口大量外流，到2015年，底特律仅剩下了68万人口，在美国城市排名中也仅为第21位（马秀莲，

2017）。

面对不断衰退的地区经济，底特律政府曾经制定了一系列措施试图遏制衰退趋势，振兴地区发展，主要包括：一是再工业化政策。20 世纪 70 年代末，底特律试图通过“让工厂回来”的再工业化战略促进制造业转型发展，并成功地新建了两座汽车厂。但是新建的汽车厂不仅没有实现承诺的就业机会，反而引起了民众抗议和社会冲突，进一步加剧了经济衰退和社会矛盾。二是通过大规模的城建项目对城市进行更新改造，试图从外观上改变底特律的衰败景观，促进城市由生产型城市向消费型城市转变。在这期间，政府投资修建了底特律文艺复兴中心等一系列项目，并建造了高级公寓、体育馆、人民捷运，但是不仅没有达到带动经济发展的目的，反而使得本就捉襟见肘的政府财政雪上加霜。三是发展娱乐经济。一方面将福克斯城周边更新为娱乐区，另一方面重金打造三个赌场，促进城市消费经济进一步向娱乐方向转化。

底特律政府的改革措施没能挽回城市的颓败趋势。2013 年 7 月，底特律以高达 185 亿美元的负债金额申请破产，成为美国历史上最大的城市破产案。究其原因，未能实现产业重构是底特律市衰败的最主要根源。城市是一个综合体，要想实现持久的经济繁荣，必须既注重产业的专业化，又注重城市经济的多元化发展。而底特律主导产业单一，在传统的汽车产业逐渐衰退时，不仅没能及时通过技术创新对传统产业进行升级改造，更没有及时培育出合适的接续替代产业，使得产业发展出现断档，错过了产业重构的最好时机。

8.1.5　对我国衰退型制造业城市产业重构的启示

1. 改造传统产业与培育新兴产业并重

传统产业是大多数衰退型制造业城市的经济支柱，不仅与城市其他产业技术关联紧密，而且容纳了大多数的就业人口。同时，经过多年的发展，尽管传统产业已出现衰退，但仍拥有雄厚的技术、设备基础，因此不能完全摒弃传统产业探索新的发展路径，否则会增强地区产业发展的断档风险。从国外典型衰退型制造业城市的产业重构经验来看，要在对传统产业进行技术改造、促进传统产业升级的同时，大力培育新兴产业，促进地区产业结构的多元化，增强地区经济的稳定性。

2. 重视第三产业的发展，不断优化产业结构

第三产业是地区经济发展的重要引擎，第三产业占比不断提高标志着地区产业结构不断优化。而对于大多数衰退型制造业城市来说，第三产业发展迟缓是其重要的特征之一。国际典型衰退型制造业城市产业重构经验表明，大力发展第三产业是地区顺利实现转型发展的重要途径。例如，英国曼彻斯特通过发展创意产业、媒体产业、体育产业、教育产业等，将曼彻斯特建设成为以文化、创意、旅游为特色的“创意产业之都”。

3. 提高技术创新能力，以创新支撑地区产业重构

无论是对传统产业实行技术改造，还是培育新兴接续替代产业，都离不开技术创新的支撑。只有不断提高创新能力，掌握新的技术工艺，才能促进地区产业的可持续发展，防止或遏制地区产业的衰退。从国际经验来看，匹兹堡通过创建“高新技术产业园”促进生物医药、信息技术等战略新兴产业的发展，为其经济转型发展提供了强大的驱动力；而日本北九州则通过建立“学术研究城”，吸引创新人才和高新技术企业及研究机构的聚集，建立“产—学—研”联合研究模式，为地区产业重构提供了强大的智力支持。

4. 政府要多途径支持地区产业重构

衰退型制造业城市的产业重构离不开政府的引导和大力支持，政府应从机构设置、资金配置和政策保障等多个方面支持地区产业体系重构。例如，曼彻斯特设立了专门的独立于政府的支撑机构以吸引民间投资，促进基础设施建设；匹兹堡创建“高新技术产业园”促进生物医药、信息技术等战略新兴产业的发展；多个衰退城市均从产业发展、技术创新、环境保护、城市改造等多个角度出台优惠支持政策，为产业重构发展提供保障。

5. 重视环境保护，促进产业绿色发展

对于大多数衰退型制造业城市来说，原有的粗放式发展模式使得生态环境日益恶化，对人才和企业的吸引力不断下降，致使城市发展潜力也越来越小。因此，对衰退型制造业城市来说，应该以产业重构为契机，增强环境保护意识，促进产业绿色发展，努力把自身打造成生态宜居、环境优美、具有强大吸引力的城市，增强城市对人才、企业和新兴产业的集聚能力，实现地区可持续发展与环境保护的良性循环。

8.2 政策建议

支持衰退型制造业城市产业重构需要充分发挥市场和政府的双重调控功能，注重发挥产业、财税、金融等各种政策工具组合的协同效用（杨伟民，1993；杨继瑞等，2011），充分发挥政策的引领作用，为衰退型制造业城市振兴发展创造更加有利的环境。

8.2.1 衰退产业调整政策

1. 通过制定地区产业发展战略，对衰退产业实行分类指导

衰退产业的调整与退出具有明显的区域属性和产业属性（吉新峰等，2007）。同一衰退产业在不同地区的调整与退出方式不同，同一地区的不同衰退产业也因为衰退程度、产业地位不同需要区别对待。因此，地方政府应通过制定地区产业发展战略等方式，引导不同的衰退产业选择不同的调整模式和路径。对于某些技术和产品面临淘汰、衰退趋势比较严重的产业，要制订相应的退出计划，明确企业退出名单，指导企业快速有效地退出市场；对于尚有一定效益、在地区产业体系中占有一定地位的产业，要积极推进产业的改组与兼并，优化产业内资源配置，提高产业的整体效益。

2. 制定衰退产业技术扶持政策，推动衰退产业的调整和升级

技术改造是实现衰退产业调整的重要手段，政府应制定相应的技术扶持政策，积极推动衰退产业的调整和升级。一方面，充分发挥政府的引导和协调作用，通过重点项目的引进和重点企业的扶持，加强衰退产业的技术引进，促进衰退产业的技术提升、流程再造和产品创新。另一方面，制定完善的人才交流制度，定期面向衰退产业组织人才交流、技术培训等活动，更新衰退产业中企业管理人员的管理观念，拓展和提升衰退产业工人的技能，为产业技术的转化提供人力资源支撑。

3. 完善财政与金融政策，为衰退产业调整提供资金保障

衰退产业的调整离不开政府的财政支持。一是可以通过政府直接投资等方式提升衰退产业发展的基础设施，加大对科技研发的投入力度，并通过财

政贴息、税收减免等方式，引导社会资金进入衰退产业，激活衰退产业的发展活力。二是充分发挥政策性金融机构的作用，对某些尚有发展潜力的衰退产业进行政策性倾斜，给予持续、强大的信贷扶持。同时，充分利用资本市场撬动衰退产业调整和国有企业改革，创新融资模式，拓宽企业融资渠道。

4. 建立健全产业退出援助机制，促进严重衰退的产业有序退出

一是设立相应的产业援助机构，组织相关领域的专家对衰退产业的调整方式和具体路径进行指导，并实时监测衰退产业发展状态，提前制定相应的衰退产业调整计划。二是设立相应的援助基金，通过转移支付等方式设立衰退产业调整专项基金，基金主要用于克服退出障碍支出、在退出产业领域导入新产业的资金支撑，以及用于人力资源培训、职工的再培训等，对停产转产企业给予补贴，消化企业退出的部分成本。三是加强对失业人员的相关援助，一方面，设立相应的培训机构或通过政府补贴、税收减免等措施引导企业及中介组织加强对失业人员的培训，提升失业人员的再就业技能；另一方面，完善社会保障体系，对失业人员进行妥善安置，避免因衰退产业退出而导致地区社会动荡。

8.2.2 接替产业扶持政策

1. 充分发挥政府的引导和协调作用，培育和引进接替产业

政府干预是推动地区接替产业发展的重要力量。一方面，通过制定区域发展规划和产业发展政策明确地区接替产业选择的方向，引导资金、人才等本地的生产资源要素积极向接替产业转移，推动地区产业结构的转换；另一方面，结合本地发展状况和资源要素禀赋优势，积极从区外引进重点项目与重点企业，培育和扶持新兴产业的发展。

2. 完善区域创新体系，提升本地产业创新与创造能力

技术创新是产业发展和演化的根本动力，接替产业的培育与发展离不开技术创新的驱动。第一，政府应积极设立产业技术研究中心，提高本地技术研发能力，通过产业创新和创造培育与发展接替产业；第二，构建产学研紧密结合的区域创新体系，建立面向社会的技术创新服务中心，为企业尤其是接替产业内的中小企业实现技术创新提供全方位服务；第三，完善技术创新激励机制，建立技术入股制度和技术开发奖励制度，激励科研人员不断提升

技术创新能力；第四，面向接替产业制定优惠政策吸引相关技术和管理人才，为接替产业的发展提供人力资源支撑。

3. 加大对接替产业的资金投入，拓宽接替产业的融资渠道

接替产业在导入初期尚未形成一定规模，融资较为困难，因此政府应从资金上给予一定的支持。一是通过公共投资、转移支付等手段给予接替产业发展必要的财政支持，为接替产业的发展提供经济补贴、政策性贷款等，避免接替产业在发展初期陷入资金困境；二是通过税收减免和优惠等措施，推动接替产业的发展；三是积极推动风险投资的发展，培育和引进多种风险投资主体，支持企业发行债券，拓宽企业融资渠道。

8.3 本章小结

首先，总结了北九州、曼彻斯特、匹兹堡、底特律等国外典型衰退型制造业振兴发展的经验与教训，对我国衰退型制造业城市产业重构有很多启示可借鉴。一是改造传统产业与培育新兴产业并重。要在对传统产业进行技术改造，促进传统产业升级的同时，大力培育新兴产业，促进地区产业结构的多元化，增强地区经济的稳定性。二是重视第三产业的发展，不断优化产业结构，大力发展第三产业是衰退型制造业城市顺利实现转型发展的重要途径。三是提高技术创新能力，以创新支撑产业转型升级。四是政府要多途径支持地区产业重构。五是重视环境保护，促进产业绿色发展。

其次，发挥产业、财税、金融、对口协作等各种政策工具组合的协同效用，为衰退型制造业城市振兴发展创造更加有利的政策环境。对衰退产业来说，一是通过制定地区产业发展战略，对衰退产业实行分类指导；二是制定衰退产业技术扶持政策，推动衰退产业的调整和升级；三是完善财政与金融政策，为衰退产业调整提供资金保障；四是建立健全产业退出援助机制，促进严重衰退的产业有序退出。对接替产业来说，一是充分发挥政府的引导和协调作用，培育和引进接替产业；二是完善区域创新体系，提升本地产业创新与创造能力；三是加大对接替产业的资金投入，拓宽接替产业的融资渠道。

结论与展望

9.1 主要结论

9.1.1 理论方法

（1）分析识别出 2001～2016 年我国衰退型制造业城市的时空演变过程，结果显示老工业城市是衰退型制造业城市的主体，严重衰退城市主要分布在我国北方，这也从侧面反映了我国南北经济分化现象。

本书采用“分步筛选”和“指标＋权重”相结合的方法，在筛选出制造业规模和效益发生衰退的制造城市的基础上，构建经济发展活力、创新驱动力和社会稳定力指标体系，采用 2001～2016 年数据，识别出 46 个衰退型制造业城市。这些城市既有改革开放之前的老工业城市和资源型城市，又包括近十多年来发生衰退的其他制造业城市。从空间分布上看，衰退型制造业城市形成了 3 个明显的集聚区：东北地区、华北地区和西北地区（甘肃、宁夏）。其中，东北地区最多，占全国衰退型制造业城市的 1/3。从省份来看，以辽宁省最多。

2001～2005 年的衰退型制造业城市有 38 个，绝大多数属于老工业城市和资源型城市，以东北地区、华北地区和中部地区较多。这主要是因为受历史原因和技术、装备、体制落后等因素影响，老工业城市和资源型城市的制造业衰退严重，基本民生问题日益严重。2006～2010 年的衰退型制造业城市有 44 个，具备两个特点：一是数量增加，从“十五”期间的 38 个增加到44个。二是老工业城市和资源型城市比重有所降低，但仍占相当比重。主要原因是国家出台的振兴老工业城市和资源型城市政策逐渐发挥效用，但仍有部分老工业城市和资源型城市显现出深层次的问题和矛盾，并且部分东部城市的产业结构调整并未带来经济快速发展，导致东部部分制造业城市也显现出衰退趋势。2011～2015年的衰退型制造业城市有45个，其特点主要有两个：一是数量较多。由于产业技术落后以及部分资源型城市资源枯竭导致许多制造业城市出现了产业衰退，衰退型制造业城市数量增加。二是主要分布于北方地区，特别是集中在东北和华北地区，这两个地区的城市有21个，占总量的46%，这种分化现象与我国南北经济分化一致。

（2）我国衰退型制造业城市的产业衰退是内生性、外生性和体制机制性因素交互作用的结果。

本书在演化经济地理学理论的基础上，吸收生命周期理论、比较优势理论、产业竞争理论等理论的观点，通过构建"路径依赖—比较优势弱化—制度锁定—国内外市场环境需求变化—主导产业衰退""五位一体"的分析框架，分析衰退型制造业城市的产业衰退机理，分析出内生性、外生性和体制机制性因素相互联系、相互作用、相互影响，致使城市制造业的内部矛盾不断积累，并在外部条件变化以及体制机制的影响下，竞争优势逐渐消失直至衰退。路径依赖所产生的"区域锁定"效应致使产业调整缓慢，沉没成本、资产专用性和城市新生产能力积累弱等因素影响衰退产业的退出和新兴产业的形成，进而制约了衰退型制造业城市的产业重构路径。衰退型制造业城市技术创新能力不足是其产业衰退的根本原因，城市原有的资源、技术、人才等比较优势不断弱化导致地区竞争力下降。制度锁定导致我国衰退型制造业城市产业结构调整和创新受阻，其产业衰退与企业制度、经济管理体制、市场体系及运行机制等"制度性"因素有较大的相关性。国内市场需求变化导致很多传统行业面临产能过剩压力，国际贸易和利用外资有限导致产业发展的外部推动力不足。城市的主导产业多处于产业衰退期，主导产业衰退波及整个城市陷入困境，同时由于接替产业发展不足，致使主导产业更替路径受阻，导致整个城市经济发展陷入困境。

（3）按照产业重构路径是否依赖于城市原有的产业基础，衰退型制造业城市的产业重构模式可以分为适应型产业重构、突破型产业重构和集成型产业重构，不同模式适合不同发展阶段和类型的城市。

适应型产业重构是指衰退型制造业城市在产业重构过程中继续发挥地区已有的比较优势，依赖原有产业基础重新整合地区资源要素，以构建新的地方产业体系。适应型产业重构对衰退产业的调整以技术改造为主，衰退产业并不完全退出地方产业体系；重构中形成的新产业与本地在位优势产业关联紧密，尤其是技术关联度较高；同时，适应型产业重构主要依靠市场调节的作用来完成，政府干预程度较低。适应型产业重构的实现路径主要包括衰退产业创新、产业延伸、产业融合、产业分叉等。其中，衰退产业创新包括对衰退产业的技术改造、流程再造和产品创新。适应型产业重构是一种内源式重构，主要适合处于衰退初期的制造业城市。

突破型产业重构是指衰退型制造业城市在产业重构过程中摒弃原有的产业基础，突破原有的经济发展路径，构建全新的不依赖于原有资源和比较优势的地方产业体系。突破型产业重构中衰退产业完全退出地方产业体系，地区经济发展偏离原有发展路径；新产业的形成不依赖于本地原有产业基础，与在位优势产业技术关联度低；政府通过促进衰退产业的退出和新产业的导入，推动产业重构的进程，是衰退型制造业城市实现突破型产业重构的重要推动力。突破型产业重构的实现路径主要包括衰退产业退出、产业创造和产业移植。其中，衰退产业退出包括全行业退出和产业区位转移。突破型产业重构模式适合已进入严重衰退状态的制造业城市或创新资源丰富的衰退型制造业城市。

集成型产业重构是综合了适应型产业重构和突破型产业重构两种模式的复合型产业重构模式，集合了适应型产业重构和突破型产业重构两种模式的优点，既依赖于现有产业基础和比较优势发展接续产业，又通过技术创新、产业移植等方式培育地区新的经济增长点，适度依赖现有产业基础和资源要素，逐步实现发展路径的突破。集成型产业重构的实现路径呈现多样化，需要政企有效配合，在内外生力量共同作用下完成。集成型产业重构适合大多数衰退型制造业城市。目前，多数衰退型制造业城市产业重构都是采用集成模式。衰退型制造业城市在进行产业重构时必须因地制宜，扬长避短，选择适合自身发展的重构路径，实现资源的最优化配置，促进产业的多元化发展和地区经济的复兴。

（4）从产业重构潜力角度可以将我国衰退型制造业城市分为转型提高类、衰退发展类、衰退滞后类和发展滞后类 4 种类型，不同类型城市的经济衰退程度和创新能力不同，其产业重构的模式及路径也不同。

我国46个衰退型制造业城市大多属于衰退滞后类，共有25个，转型提高类城市仅有10个，衰退发展类城市有6个，发展滞后类城市共有5个。只有根据自身发展状态，因地制宜，选择合适的产业重构模式和路径，才能顺利扭转城市的衰退趋势，实现地区经济的转型发展。转型提高类城市可以选择集成型产业重构模式，一方面，促进产业效益低下、市场严重萎缩的衰退产业完全退出市场或转移至其他地区，并调整改造技术落后但尚有一定市场需求的衰退产业，促进衰退产业的升级创新；另一方面，以现有产业为基础，选择技术关联紧密的相关产业进行引进和培育。同时，通过产业创造、产业分叉等方式培育新的经济增长点，促进地区经济实现跨越式发展，彻底扭转城市的经济衰退趋势。衰退发展类城市可以选择突破型产业重构模式，积极引导衰退产业完全退出市场或向区外转移，同时选择与现有产业技术关联较弱的相关产业，实现地方产业的彻底更替和重构。衰退滞后类城市应选择集成型产业重构，一方面，对衰退产业进行技术改造，延长现有产业的生命周期，为地区接替产业的培育和发展争取时间；另一方面，选择发展与现有产业技术关联比较紧密的相关产业，促进地区经济发展实现渐进式转型。同时，通过产业移植、产业创造等方式培育新的经济增长点，促进地区经济发展的全面转型。发展滞后类城市应选择适应型产业重构模式，一方面促进衰退产业从低技术水平向高技术水平跃升，提高衰退产业的整体效益；另一方面，促进衰退产业产品结构的高端化、多元化，提高衰退产业的市场生存能力。同时，培育和发展与现有产业技术关联紧密的新兴产业，促进地区比较优势的逐步迁移。

（5）产品空间理论为衰退型制造业城市接替产业选择提供了新的思路与方法，从产品空间理论视角来看，衰退型制造业城市接替产业的选择应遵循产业演进方向，注意规避地区产业断档风险，重视实现地区经济的可持续发展。

制造业是实体经济的重要基础，也是我国的强国之本，衰退型制造业城市在产业重构过程中不应完全摒弃制造业，而是要以再造制造业优势，实现产业结构的多元化和高级化为目标，构建现代化产业体系，重塑地区发展比较优势。接替产业选择是衰退型制造业城市产业重构的重点与难点，产品空间理论认为，接替产业的选择会直接影响衰退型制造业城市产业重构能否实现，衰退型制造业城市在产业重构时应将发展接续产业和培育替代产业并重，从现有的产品空间结构中可以探得衰退型制造业城市产业重构的具体路径，识别地区的接替产业。衰退型制造业城市在选择接替产业时应遵循地区优势产业从产品空间外围向中心演进、从产品空间结构稀疏位置向结构稠密位置演进、从低技术复杂度产业向高技术复杂度产业演进的方向，选择技术复杂度更高、更靠近结构稠密位置的产业进行培育和发展。同时，应优先选择可以不断跨越最佳技术距离实现潜在比较优势产业转变的产业，从而规避地区经济在产业重构过程中存在的断档风险。此外，衰退型制造业城市还应选择多种接替产业进行培育和发展，增强产业结构的多样化和层次性。

在产业重构过程中，衰退型制造业城市应通过接续产业和替代产业与原有产业技术距离的差异化实现地区产业结构的多元化和层次性，保障地区经济的可持续发展。接替产业的技术含量必须高于原有产业并具有较高的可演进潜力，以保障地区经济发展的可持续性。衰退型制造业城市接替产业选择的具体方法是：一是以国民经济4位数产业为节点、以产业间技术邻近度值为权重构建全国产业空间结构图，通过绘制全国产品空间图观察地区的产品空间结构，找出所有可生产的潜在比较优势产品集合。二是通过计算该地区所有产业的显示性比较优势指数（RCA）识别在位比较优势产业，当RCA≥1时，则表明该产业为该地区的在位比较优势产业。三是遴选潜在比较优势产业。首先要确定潜在比较优势产业集，潜在比较优势产业集不包含已在该城市具有显示性比较优势的产业；其次通过设定邻近度阈值确定潜在接续产业集合与潜在替代产业集合；最后遴选出具有高技术含量和高演进潜力的潜在比较优势产业。四是确定接续产业与替代产业。在接续产业选择过程中，应着重于保障衰退型制造业城市产业重构的稳定性和连续性，选择与在位比较优势产业邻近度较高的潜在比较优势产业。而在替代产业选择过程中，应更侧重于选择技术复杂性高、可演进潜力大的潜在比较优势产业。

9.1.2 实证研究

通过识别分析沈阳市在位比较优势产业、接续产业和替代产业发展情况，2013～2017年，沈阳市的接续产业总体发展缓慢，替代产业尚未得到有效培育和发展。因此，提出两方面建议：一方面，应尽快出台相关政策措施，加快推进沈阳市接续产业的发展，促进沈阳市制造业顺利向接续产业转型升级；另一方面，应加强沈阳市替代产业发展规划，制定相应政策措施有序推动替代产业的发展，培育沈阳市地区经济增长的新动能，促进沈阳市制造业实现可持续发展。

2013 年，沈阳市在位比较优势产业为 182 个，从产业种类上来看，主要集中于专用设备制造业，通用设备制造业，非金属矿物制品业，电气机械和器材制造业，金属制品业以及木材加工和木、竹、藤、棕、草制品业等；从生产总值来看，居于前 5 位的依然是汽车制造业、通用设备制造业、农副食品加工业、电气机械和器材制造业及非金属矿物制品业。从产业空间结构来看，2013 年沈阳市在位比较优势产业在全国产业空间图中分布比较均衡，已有部分产业位于产业空间结构的核心区域，与其他产业间的联系比较密集，具有较强的转型升级基础。但是，也有部分产业处于产业空间结构的外围区，与其他产业联系稀疏且技术距离较远，在转型升级发展中面临较大的困难。

通过对沈阳市潜在比较优势产业复杂度和连通性的测算与综合比较，共遴选出 40 个接续产业，主要分布于文教体育用品制造业，电气机械及器材制造业，化学原料及化学制品制造业，医药制造业，仪器仪表及文化、办公用机械制造业等 17 个 2 位数制造业产业中，可以有效保障沈阳市产业结构的多样化。从产业空间结构来看，沈阳市接续产业主要位于技术联系密集的中心区域，未来进一步转型升级路径相对较多。但是，2013～2017 年，沈阳市接续产业总体发展缓慢，只有医药制造业、通用设备制造业、电气机械和器材制造业等部分技术密集型产业向好发展，多数传统产业甚至部分高技术产业在沈阳市制造业产业结构中的比重都有所下降。与 2013 年相比，2017 年共有 9 个接续产业在沈阳市制造业产业结构中的比重有所上升，发展趋势向好。其中，上升幅度最大的产业是橡胶制品业，其次是化学药品制剂制造业、电机制造业、电池制造业和造纸业。有 22 个产业在沈阳市制造业产业结构中的重要性有所下降，其中下降幅度最大的是塑料制品业，其次是化工、木材、非金属加工专用设备制造业，石膏、水泥制品及类似制品制造业，专用化学产品制造业以及涂料、油墨、颜料及类似产品制造业。此外，针织或钩针编织物及其制品制造业、非家用纺织制成品制造业、金属家具制造业、体育用品制造业、玩具制造业及钟表与计时仪器制造业 6 个制造业行业衰退比较严重。乐器制造业、船舶及相关装置制造业以及光学仪器及眼镜制造业 3 个制造业行业发展缓慢，在 2013 ~ 2017 年间均未有相关企业达到规模以上，有待于进一步发展。

通过对邻近度小于 0. 4 的沈阳市潜在比较优势产业复杂度和连通性的测算与综合比较，共遴选出 36 个替代产业，主要分布于通用设备制造业、化学原料及化学制品制造业、金属制品业、专用设备制造业等产业。从产业空间结构来看，沈阳市替代产业也主要位于技术联系密集的中心区域，说明这些产业技术含量与连通性都比较高。但是，截至 2017 年，沈阳市替代产业尚未得到培育和发展，大多数产业在沈阳市制造业产业结构中的地位甚至发生了衰退。2013 ~ 2017 年，仅烘炉、风机、包装等设备制造业，橡胶制品业，其他金属制品制造，电机制造，游艺器材及娱乐用品制造 5 个制造业行业比重得到了提高，其中，提高幅度最大的是烘炉、风机、包装等设备制造业。同时，塑料制品业，化工、木材、非金属加工专用设备制造，有色金属压延加工，专用化学产品制造等 21 个制造业行业在整个沈阳市制造业产业结构中所占比重有所下降。此外，从 2013 ~ 2017 年自行车制造业发展来看，自行车制造业一直未能发展壮大，甚至截止到 2017 年仍未有规模以上企业进入统计范围。

9.1.3 对策建议

（1）北九州、曼彻斯特、匹兹堡、底特律等国外典型衰退型制造业城市为我国衰退型制造业城市产业重构提供了经验与启示。一是应改造传统产业与培育新兴产业并重。要在对传统产业进行技术改造的同时，大力培育新兴产业，促进地区产业结构的多元化，增强地区经济的稳定性。二是要重视第三产业的发展，不断优化产业结构。三是衰退型制造业城市需要提高技术创新能力，以创新支撑传统产业改造与新兴产业发展。四是政府应多途径支持地区产业重构。五是要重视环境保护，促进产业绿色发展。

（2）发挥产业、财税、金融、对口协作等各种政策工具组合的协同效用，为衰退型制造业城市振兴发展创造更加有利的政策环境。对衰退产业来说，一是通过制定地区产业发展战略，对衰退产业实行分类指导；二是制定衰退产业技术扶持政策，推动衰退产业的调整和升级；三是完善财政与金融政策，为衰退产业调整提高资金保障；四是建立健全产业退出援助机制，促进严重衰退的产业有序退出。对接替产业来说，一是充分发挥政府的引导和协调作用，培育和引进接替产业；二是完善区域创新体系，提升本地产业创新与创造能力；三是加大对接替产业的资金投入，拓宽接替产业的融资渠道。

9.2 可能的创新

本书可能的创新之处有三个：

第一，采用“分步筛选”和“指标＋权重”相结合的方法，从经济发展活力、创新驱动力和社会稳定力三个方面构建了衰退型制造业城市的识别指标体系。目前，国内外关于产业衰退地区的研究很多，但是专门关注衰退型制造业城市的研究很少，衰退型制造业城市的概念、内涵及其识别标准尚未确定。制造型产业衰退城市不同于老工业城市或收缩城市，含义深广，涉及经济、社会、环境、生态等各个方面，有自身的特点。本书聚焦于衰退型制造业城市，从经济、社会、环境、生态等方面探讨衰退型制造业城市的概念与内涵，并从经济发展活力、创新驱动力和社会稳定力三个方面提出衰退型制造业城市的识别标准。

第二，从产业重构潜力的角度将我国衰退型制造业城市分为转型提高类、衰退发展类、衰退滞后类和发展滞后类，并针对每类城市的特点分别提出了适合该类城市的产业重构模式和路径。本书按照产业重构路径是否依赖于城市原有的产业基础将衰退型制造业城市产业重构模式分为适应型产业重构、突破型产业重构和集成型产业重构，并通过分析每种模式的特征和实现路径，提出了每种模式适应的城市类型。在此基础上，通过对我国衰退型制造业城市进行分类，提出不同类型城市的产业重构模式和路径。

第三，以产品空间理论为指导，采用结果导向的思维方式，基于产业间的技术距离提出了衰退型制造业城市接替产业选择的具体方法，避免了指标选取的片面性和主观性。现有研究中对接替产业的选择通常都采用主成分分析法、层次分析法等多指标综合评价的方法，但是这些方法通常存在指标选取困难、容易受主观因素影响等问题，无法精确地遴选出地区接替产业。本书以产品空间理论为指导明晰了衰退型制造业城市接替产业选择的思路与原则，并采用结果导向的思维方式，基于产业间的技术距离提出了衰退型制造业城市接替产业选择的具体方法，避免了指标选取的片面性和主观性。

9.3 研究不足与展望

由于衰退型制造业城市是我国经济发展过程中出现的新的问题区域，学术界对这一类型区的研究相对比较匮乏，尤其是对衰退型制造业城市应如何进行产业重构的相关研究较少，资料和数据有限，可借鉴研究成果少，再加之笔者水平有限，因此虽奋力耕耘，但本书仍多有不足之处。

第一，方法的局限性使得本书在接替产业选择的探讨中仅局限于制造业。本书在探讨衰退型制造业城市产业重构模式时指出突破型产业重构中产业移植的范围并不局限于引进或承接制造业行业，也包括文化创意产业、现代物流业、会展等现代服务业，同时在提出衰退型制造业城市产业重构目标时也指出应大力发展第三产业，促进衰退型制造业城市产业结构的多元化和高级化。但是，由于产品空间理论视角下的接替产业选择基础是产品（产业）间的技术关联，而服务业与现有产业之间的技术距离无法测度，因此，囿于方法所限，本书在探讨衰退型制造业城市的接替产业选择时仅仅探讨了如何从制造业行业中选择合适的接替产业。但是，国内外不乏衰退型制造业城市通过发展文化创意产业等第三产业实现地区转型发展的案例，如伦敦等。因此，本书认为在后续研究中应加强此类转型路径的探讨，深入分析衰退型制造业城市应如何通过选择和发展服务业行业实现地区经济转型。同时，本书仅从产品空间理论的视角来尝试提出接替产业的选择方法，所采用的“结果导向”思维方式依然是“理想主义”，而具体到某一城市的接替产业选择还涉及诸多因素乃至城市所面临的历史机遇，因此通过产品空间理论遴选出来的接替产业能够发展起来还需进一步结合城市发展的基本条件进行进一步分析。在未来研究过程中，本书认为应在以产品空间理论遴选出接替产业的基础上，考虑更多的影响因素深入分析这些接替产业发展起来的可能性，为衰退型制造业城市产业发展提供更具实操性的指导。

第二，数据的局限性使得本书在衰退型制造业城市接替产业遴选研究中无法更加深入细致。在分析我国衰退型制造业城市接替产业过程中，地区生产数据可以更好地反映地区生产能力。但是，基于数据的可获得性，本书在撰写过程中仅能获取2003～2013年的规模以上工业企业的生产数据。从数据的时间性来说，无法准确有效地反映现在我国衰退型制造业城市的生产能力现状，更无法精确遴选出适合城市未来培育和发展的接替产业。因此，在本书中，笔者只能基于2013年的生产数据演示衰退型制造业城市应如何遴选接替产业，为其他衰退型制造业城市接替产业的选择提供参考和借鉴。在后续研究中应进一步加强对衰退型制造业城市数据的收集和挖掘，为更加深入准确地进行接替产业研究提供坚实的基础。

参 考 文 献

[1] [美] 斯米尔. 美国制造: 国家繁荣为什么离不开制造业 [M]. 李凤海, 刘寅龙, 译. 北京: 机械工业出版社, 2014.

[2] 安虎森, 季赛卫. 演化经济地理学理论研究进展 [J]. 学习与实践, 2014 (7).

[3] 彼得·马什. 新工业革命 [M]. 北京: 中信出版社, 2013.

[4] 彼罗·斯拉法, 主编. 李嘉图著作和通信集 [M]. 北京: 商务印书馆, 2009.

[5] 蔡炳权, 任保平. 中国老工业区的个性差异及政策取向 [J] 重庆工商大学学报, 2007 (5).

[6] 蔡晳, 王德文. 中国经济增长可持续性与劳动贡献 [J]. 经济研究, 1999 (10).

[7] 曹晟, 唐子来. 英国传统工业城市的转型: 曼彻斯特的经验 [J]. 国际城市规划, 2013 (6).

[8] 曹陆松. 我国电子信息产品出口竞争力分析 [J]. 中国商界, 2008 (7).

[9] 曹玮瑄, 李瑞丽. 德国钢铁产业发展中的路径依赖与突破: 鲁尔区的启示 [J]. 中国科技论坛, 2007 (10).

[10] 曾刚, 林兰. 技术扩散与高技术企业区位研究 [M]. 北京: 科学出版社, 2008.

[11] 曾荣平, 岳玉珠. 日本九州地区产业衰退与产业转型的启示 [J]. 当代经济, 2007 (12).

[12] 曾荣平. 战后日本衰退产业转型研究——以纤维、钢铁和造船业为例 [D]. 沈阳: 辽宁大学, 2008.

[13] 曾世宏, 郑江淮. 产品空间结构理论对我国转变经济发展方式的

启示［J］. 经济纵横，2008（11）.

［14］曾世宏，郑江淮 . 企业家“成本发现”、比较优势演化与产品空间结构转型——基于江苏经济发展的案例研究［J］. 产业经济研究，2010（1）.

［15］陈宝江 . 对衰退产业的思考［J］. 学习与探索，2000（5）.

［16］陈刚 . 论衰退产业调整的基本模式［J］. 探索，2004（2）.

［17］陈红川 . 高新技术产业技术创新能力评价实证研究［J］. 科技管理研究，2010（16）.

［18］陈金良 . 跳跃式经济发展阶段性的条件与机制研究［J］. 商业时代，2009（7）.

［19］陈琳琳，金凤君，洪辉 . 东北地区工业基地演化路径研究［J］. 地理科学，2016（9）.

［20］陈守则 . 东北地区资源型城市经济转型研究［D］. 东北师范大学，2007.

［21］陈婉玲 . 衰退产业财政援助政策的法律保障——以资源枯竭型城市转型为背景［J］. 法治，2010（11）.

［22］陈烨，宋雁 . 哈尔滨传统工业城市的更新与复兴策略［J］. 城市规划，2004（4）.

［23］陈一君 . 衰退产业的企业创新战略探讨［J］. 商业研究，2006（4）.

［24］陈祎淼 . 黄石模式：工业城市绿色转型升级样本［N］. 中国工业报，2016.

［25］程文，张建华 . 中国模块化技术发展与产业结构升级［J］. 中国科技论坛，2011（3）.

［26］大卫·李嘉图 . 政治经济学及赋税原理［M］. 北京：光明日报出版社，2009.

［27］代谦，别朝霞 . 人力资本、动态比较优势与发展中国家产业结构升级［J］. 世界经济，2006（11）.

［28］邓向荣，曹红 . 产业升级路径选择：遵循抑或偏离比较优势——基于产品空间结构的实证分析［J］. 中国工业经济，2016（2）.

［29］邸玉娜，李月 . 跨越“中等收入陷阱”的国际经验分析——基于

出口产品密度的视角 [J]. 经济科学, 2012 (4).

[30] 丁文珺, 杜志明. 我国制造业发展四十年: 成就、新形势与转型思路 [J]. 经济纵横, 2018 (8).

[31] 费洪平, 李淑华. 我国老工业基地改造的基本情况及应明确的若干问题政策建议 [J]. 宏观经济研究, 2000 (5).

[32] 伏玉林, 胡尊芳. 产品空间视角下制造业结构转变研究——以江浙沪为例 [J]. 工业技术经济, 2017 (1).

[33] 盖文启, 王缉慈. 论区域创新网络对我国高新技术中小企业发展的作用 [J]. 中国软科学, 1999 (9).

[34] 盖文启, 王缉慈. 论区域的技术创新模式及其创新网络——以北京中关村地区为例 [J]. 北京大学学报 (哲学社会科学版), 1999 (5).

[35] 盖文启. 创新网络: 区域经济发展新思维 [M]. 北京: 北京大学出版社, 2002.

[36] 干春晖, 郑若谷, 余典范. 中国产业结构变迁对经济增长和波动的影响 [J]. 经济研究, 2011 (5).

[37] 干春晖, 郑若谷. 改革开放以来产业结构演进与生产率增长研究 [J]. 中国工业经济, 2009 (2).

[38] 高春亮, 李善同. 人力资本专用性锁定效应与城市衰退: 老工业城市转型的症结 [J]. 经济学家, 2018 (11).

[39] 高辉清. 中国经济有风险无危机 [J]. 中国金融, 2014 (7).

[40] 谷满意. 新发展理念下中国资源衰退型城市产业选择原则研究——以四川省泸州市为例 [J]. 中国发展, 2017 (6).

[41] 顾朝林等. 产业结构重构与转移——长江三角洲地区及主要城市比较研究 [M]. 南京: 江苏人民出版社, 2002.

[42] 关皓明. 基于演化弹性理论的沈阳老工业城市产业结构演变机理研究 [D]. 长春: 中国科学院东北地理所, 2018.

[43] 关秀丽. 香港服务业与泛珠三角制造业的优势互补、合作互动 [J]. 经济研究参考, 2006 (9).

[44] 郭边强. 衰退产业调整的国际比较与启示 [J]. 经济纵横, 2004 (9).

[45] 郭建科, 杨大海, 耿雅冬. 大连与相关城市综合发展能力比较研

究［J］. 资源开发与市场，2012（8）.

［46］郭将，赵景艳. 产品空间结构视角下的产业升级研究——以江苏省装备制造业为例［J］. 技术与创新管理，2016（2）.

［47］郭克莎. 三次产业增长因素及其变动特点分析［J］. 经济研究，1993（2）.

［48］郭克莎. 中国工业化的进程、问题与出路［J］. 中国社会科学，2000（3）.

［49］郭淑芬，郭金花. "综改区"设立、产业多元化与资源型地区高质量发展［J］. 产业经济研究，2019（1）.

［50］郭新宝. 中国制造业转型升级的发展特征研究［J］. 矿山机械，2014（6）.

［51］国务院. 国务院关于印发《中国制造2025》的通知［R］. 2015.

［52］韩立华，刘幸. 建立健全衰退产业调整援助政策探析［J］. 学术交流，2005（11）.

［53］韩民春，徐姗. 国外动态比较优势理论的演进［J］. 国外社会科学，2009（3）.

［54］韩宇. 美国中西部城市的衰落及其对策——兼议中国"东北现象"［J］. 东北师大学报，1997（5）.

［55］郝寿义. 论综合配套改革的特征、路径与目标［J］. 开放导报，2007（6）.

［56］何燕子. 区域衰退产业的识别和退出机制［J］. 湖南社会科学，2006（5）.

［57］和军. 装备制造业发展水平评价与比较研究综述［J］. 经济学动态，2012（8）.

［58］贺灿飞，董瑶，周沂. 中国对外贸易产品空间路径演化［J］. 地理学报，2016（6）.

［59］贺灿飞，任永欢，李蕴雄. 产品结构演化的跨界效应研究——基于中国地级市出口产品的实证分析［J］. 地理科学，2016（11）.

［60］贺灿飞. 区域产业发展演化：路径依赖还是路径创造？［J］. 地理研究，2018（7）.

［61］贺灿飞. 演化经济地理研究［M］. 北京：经济科学出版社，

2018.

［62］赫尔曼·戴利．超越增长：可持续发展的经济学［M］．上海：上海译文出版社，2001.

［63］洪增林等．城市老工业区产业转型研究进展与评述［J］．西安工业大学学报，2013（11）.

［64］侯力，秦熠群．日本工业化的特点及启示［J］．现代日本经济，2005（4）.

［65］胡礼梅．国内资源型城市转型研究综述［J］．资源与产业，2011（6）.

［66］胡晓辉，张文忠．制度演化与区域经济弹性——两个资源枯竭型城市的比较［J］．地理研究，2018（7）.

［67］胡晓玲，徐建刚，童江华，孙鸿洁．快速转型期老工业基地工业用地结构调整研究——以武汉为例［J］．城市规划，2007（5）.

［68］胡永泰．中国全要素生产率：来自农业部门劳动力再配置的首要作用［J］．经济研究，1998（3）.

［69］胡志丁，葛岳静，侯雪，唐顺英．经济地理研究的第三种方法：演化经济地理［J］．地域研究与开发，2012（5）.

［70］黄德胜．工业化新阶段及新型工业化路径研究［J］．宏观经济管理，2017（8）.

［71］黄汉权，任继球．新时期我国产业政策转型的依据与方向［J］．经济纵横，2017（2）.

［72］黄建康．区域衰退产业的退出粘性及其突破［J］．中国经济问题，2010（1）.

［73］黄利秀．从新经济地理学到演化经济地理学：区域政策含义及其启示［J］．商业研究，2014（9）.

［74］黄征学，滕飞，高钦．我国产业衰退地区产业转型升级的重点及思路［J］．经济纵横，2018（11）.

［75］吉新峰，周扬明．基于衰退产业退出的区域优势产业培育思路与对策研究［J］．经济问题探索，2007（6）.

［76］纪玉山，吴勇民．我国产业结构与经济增长关系之协整模型的建立与实现［J］．当代经济研究，2006（6）.

[77] 季良玉，李廉水．中国制造业产业生命周期研究——基于1993—2014年数据的分析 [J]. 河海大学学报（哲学社会科学版），2016（1）.

[78] 贾根良．第三次工业革命与新型工业化道路的新思维 [J]. 中国人民大学学报，2013（3）.

[79] 贾凯迪．论资源型的产业衰退——以煤炭产业为例 [J]. 现代经济信息，2014（3）.

[80] 贾康．“十三五”时期的供给侧改革 [J]. 国家行政学院学报，2015（6）.

[81] 江飞涛．中国钢铁工业产能过剩问题研究 [D]. 长沙：中南大学，2008.

[82] 江文红．现代服务业产业集群发展综述 [J]. 科技广场，2011（7）.

[83] 姜春海，王竹梅．资源枯竭型城市产业转型的机制分析 [J]. 科技导报，2007（4）.

[84] 姜四清，王娇娥，金凤君．全面推进东北地区等老工业基地振兴的战略思路研究 [J]. 经济地理，2010（4）.

[85] 姜四清．我国中西部老工业基地产业衰退地域评价方法和特征研究 [J]. 人文地理，2010（3）.

[86] 姜维权，王熙凯，苏婵媛．老工业城市转型发展的困境与出路 [J]. 银行家，2017（8）.

[87] 金碚，李鹏飞，廖建辉．中国产业国际竞争力现状及演变趋势——基于出口商品的分析 [J]. 中国工业经济，2013（5）.

[88] 金凤君，陈明星．“东北振兴”以来东北地区区域政策评价研究 [J]. 经济地理，2010（8）.

[89] 金凤君等．东北地区振兴与可持续发展战略研究 [M]. 北京：商务印书馆，2006.

[90] 金璐璐，贺灿飞，周沂等．中国区域产业结构演化的路径突破 [J]. 地理科学进展，2017（8）.

[91] 金璇．产品空间视角下中国装备制造业产业升级研究 [J]. 兰州文理学院学报（社会科学版），2016（6）.

[92] 李晨晖．矿业城市产业转型研究——以德国鲁尔区为例 [J]. 中

国人口·资源与环境，2003（4）.

[93] 李诚固，李培祥，谭雪兰，刘文秀．东北地区产业结构调整与升级的趋势及对策研究 [J]. 地理科学，2003（1）.

[94] 李诚固．世界老工业基地衰退机制与改造途径研究 [J]. 经济地理，1996（2）.

[95] 李程骅．论城市转型与经济发展模式的关系 [J]. 创新，2009，3（10）.

[96] 李春艳，徐喆，刘晓静．东北地区大中型企业创新能力及其影响因素分析 [J]. 经济管理，2014（9）.

[97] 李春艳．吉林省产业转型升级是否应该依赖比较优势？[J]. 内蒙古社会科学（汉文版），2018（1）.

[98] 李刚．发达国家"铁锈地带"的转型治理实践与我国复兴路径 [J]. 上海城市管理，2017（1）.

[99] 李国平，玄兆辉，李方．中国夕阳产业地域划分及其类型 [J]. 地理学报，2002（4）.

[100] 李建伟．我国经济运行的内在规律及其未来发展趋势 [J]. 理论学习，2014（1）.

[101] 李玲，陈迅．重庆劣势产业选择研究 [J]. 数学的实践与认识，2006（8）.

[102] 李猛．资源型城市产业转型的国际比较研究 [J]. 大连理工大学学报，2002（1）.

[103] 李农．试论我国的衰退产业和衰退产业政策——以黄麻纺织工业为案例的分析和研究 [J]. 中国工业经济，1991（5）.

[104] 李培育．落后地区产业升级战略中的需求分析 [J]. 管理世界，2003（7）.

[105] 李瑞芳．煤炭产能过剩的成因解析及防治工作述论 [J]. 中共太原市委党校学报，2015（5）.

[106] 李善同，冯杰．东北老工业基地改造和振兴的思路与建议 [J]. 冶金经济与管理，2003（5）.

[107] 李相合，关立新．区域经济协调：振兴东北经济的必由之路 [J]. 当代经济研究，2004（6）.

[108] 李祥辉，陈丽珍，沈莹娟. 产业衰退的国际传导渠道分析 [J]. 商业时代，2011 (5).

[109] 李潇，黄翊. 德国“IBA 事件”带动衰退城市复兴的战略及启示——一种基于重大公共事件的城市营销工具 [J]. 住区，2014 (5).

[110] 李小建，李国平，曾刚等. 经济地理学（第二版）[M]. 北京：高等教育出版社，2006.

[111] 李小建. 经济地理学中的企业网络研究 [S]. 经济地理，2002 (5).

[112] 李晓华. 产业转型升级中落后产能淘汰问题研究机制 [J]. 江西社会科学，2012 (5).

[113] 李丫丫，潘安，彭永涛. 新兴产业产生：识别、路径及驱动因素 [J]. 技术经济，2016 (8).

[114] 李勇辉，吴朝霞. 世界老工业基地改造的模式与启示研究 [J]. 开发研究，2005 (3).

[115] 李月，邸玉娜，周密. 中等收入陷阱、结构转换能力与政府宏观战略效应 [J]. 世界经济，2013 (1).

[116] 李志刚. 产业集群的衰退机理及其治理 [J]. 价格月刊，2009 (1).

[117] 厉无畏. 产业整合与产业创新 [J]. 上海管理科学，2002 (4).

[118] 廖建辉. 产品空间模式的实证研究——基于中国出口商品的分析 [J]. 产业经济评论，2014 (12).

[119] 廖元和. 中国西部工业化进程研究 [M]. 重庆：重庆出版社，2000.

[120] 林木西. 振兴东北老工业基地的理性思考与战略选择 [J]. 经济学动态，2003 (10).

[121] 林善波. 关于衰退产业的退出 [J]. 福州党校学报，2003 (4).

[122] 林毅夫，李永军. 比较优势、竞争优势与发展中国家的经济发展 [J]. 管理世界，2003 (7).

[123] 林毅夫，刘培林. 振兴东北要遵循比较优势战略 [J]. 辽宁科技参考，2003 (11).

[124] 林毅夫，巫和懋，邢亦青. “潮涌现象”与产能过剩的形成机

制机 [J]. 经济研究，2010 (10).

[125] 林毅夫. 比较优势与中国经济发展 [J]. 煤炭企业管理，2005 (12).

[126] 林毅夫. 要素禀赋比较优势与经济发展 [J]. 中国改革，1999 (8).

[127] 林毅夫. 新结构经济学 [M]. 苏剑，译. 北京：北京大学出版社，2012.

[128] 林毅夫. 新结构经济学——重构发展经济学的框架 [J]. 经济学，2011 (1).

[129] 刘冰. 准确把握新旧动能转换的关键任务和重要举措 [J]. 理论学习，2017 (8).

[130] 刘洪民，刘炜炜. 改革开放40周年中国制造业创新发展的历史回顾与思考 [J]. 技术与创新管理，2019 (1).

[131] 刘军. 社会网络分析导论 [M]. 北京：社会科学文献出版社，2004.

[132] 刘俊丽. 比较优势动态演变相关文献综述 [J]. 现代经济信息，2018 (12).

[133] 刘丽. 长垣起重装备产业集群演化机理研究 [D]. 郑州：河南大学，2018.

[134] 刘林青，谭畅. 产业国际竞争力的结构观——一个正在涌现的研究域 [J]. 经济评论，2014 (3).

[135] 刘通. 产业衰退城市形成及反衰退机制研究 [D]. 北京：中国人民大学，2007.

[136] 刘通. 老工业基地衰退的普遍性及其综合治理 [J]. 中国经贸导刊，2006 (11).

[137] 刘伟，张辉. 中国经济增长中的产业结构变迁和技术进步 [J]. 经济研究，2008 (11).

[138] 刘晓光，时英. 东北经济如何走出困局，中国人民大学国家发展与战略研究院政策简报，2016.

[139] 刘鑫，贺灿飞. 技术关联与城市产业增长研究 [J]. 地理研究，2016，35 (4).

[140] 刘洋．北海道区域经济振兴的理论探析与当前政策实践［J］．现代日本经济，2019（1）．

[141] 刘英基．新工业革命对我国高技术产业高端化的影响及应对策略［J］．经济纵横，2014（7）．

[142] 刘友金，吕政．梯度陷阱、升级阻滞与承接产业转移模式创新［J］．经济学动态，2012（11）．

[143] 刘远航．东北老工业基地经济结构调整的障碍及对策分析［J］．当代经济研究，2003（12）．

[144] 刘兆国，乔亮．日本制造业国际竞争力与发展趋势研究——基于产品空间结构理论的再审视［J］．现代日本经济，2016（3）．

[145] 刘志彪．买方市场下我国制造业衰退的微观分析［J］．财经科学，2000（1）．

[146] 刘志高，尹贻梅．演化经济地理学评介［J］．经济学动态，2005（12）．

[147] 刘志高，尹贻梅，孙静．产业集群形成的演化经济地理学研究评述［J］．地理科学进展，2011（6）．

[148] 刘志高，张薇．演化经济地理学视角下的产业结构演替与分叉研究评述［J］．经济地理，2016（12）．

[149] 刘志高，张薇．中国大都市区高新技术产业分叉过程及动力机制——以武汉生物产业为例［J］．地理研究，2018（7）．

[150] 陆国庆．论衰退产业调整模式［J］．学习与探索，2001（1）．

[151] 陆国庆．美国与日本衰退产业调整援助对我国的启示［J］．世界经济与政治论坛，2000（5）．

[152] 陆国庆．衰退产业的识别与诊断［J］．南京社会科学，2002（5）．

[153] 陆国庆．衰退产业论［M］．南京：南京大学出版社，2002．

[154] 吕富彪．加快辽宁装备制造业创新驱动协同发展的对策研究［J］．科学管理研究，2016（4）．

[155] 马秀莲．工业城市底特律发展转型研究［J］．中国名城，2017（4）．

[156] 迈克尔·波特．竞争战略［M］．北京：华夏出版社，1997．

[157] 毛海涛，宋建，刘刚．跨越“中等收入陷阱”的竞争优势新视

角——从离散的“产品空间”到连续的“策略空间”[J]. 河北经贸大学学报，2016（4）.

[158] 毛林根. 产业经济学[M]. 上海：上海人民出版社，1996.

[159] 毛琦梁. 我国中西部典型城市群产业升级的机会甄别与基本路径——基于产品空间理论的研究[J]. 西部论坛，2019（1）.

[160] 苗长虹. 欧美经济地理学的三个发展方向[J]. 地理科学，2007（5）.

[161] 聂亚珍，张云，姜学勤. 资源型城市产业兴衰与转化之规律[M]. 北京：中国书籍出版社，2013.

[162] 裴沛. 东北地区制造业升级动力——制约机制及优化[J]. 鞍山师范学院学报，2019（1）.

[163] 漆旭，张琦. 略论衰退产业调整与升级模式[J]. 当代财经，2007（6）.

[164] 齐义军，付桂军. “资源诅咒”效应及其在区域发展中的作用[J]. 经济学动态，2012（4）.

[165] 乔晓华. 关于资源型省区产业结构重构和主导产业选择与培育问题的思考[J]. 北方经济，2009（16）.

[166] 秦廷奎. 区域劣势产业退出政策研究——以重庆劣势产业退出政策研究为例[D]. 重庆：重庆大学，2002.

[167] 全哲洙. 振兴东北老工业基地要有新思路[J]. 求是，2003（11）.

[168] 任红波，李鑫. 产业演化逻辑与衰退产业战略选择[J]. 科学管理研究，2001（5）.

[169] 芮明杰. 新一轮工业革命正在叩门，中国怎么办？[J]. 当代财经，2012（8）.

[170] 沈阳市人民政府. 沈阳市国民经济和社会发展第十三个五年规划纲要[R]. 2016.

[171] 施蒂格勒. 产业组织与政府管制[M]. 上海：上海人民出版社，1996.

[172] 史晓亮，丁琼迪，赵婧. 基于主成分分析法的马鞍山市接替产业选择研究[J]. 现代商贸工业，2011（11）.

[173] 史忠良，何维达等．产业兴衰与转化规律［M］．北京：经济管理出版社，2004.

[174] 宋大伟．关于振兴东北老工业基地的思考［J］．国家行政学院学报，2003（6）.

[175] 宋德玲，王浩．吉林省人才外流动因及对策研究——基于供给侧改革背景的实证研究［J］．东北师大学报（哲学社会科学版），2019.

[176] 宋金平，蒋一军，王亚东．全球化对城市发展的影响与启示［J］．城市问题，2008（4）.

[177] 宋文娟．山西煤炭资源型城市主导产业选择研究——以大同市为例［D］．沈阳：沈阳理工大学，2009.

[178] 苏东水．论东西方管理的融合与创新［J］．学术研究，2002（5）.

[179] 孙淼，丁四保．我国资源型城市衰退的体制原因分析［J］．经济地理，2005（2）.

[180] 孙仁中．日本循环经济的政策、经验与启示［J］．现代日本经济，2006（1）.

[181] 孙祥栋，张亮亮，赵峥．城市集聚经济的来源：专业化还是多样化——基于中国城市面板数据的实证分析［J］．财经科学，2016（2）.

[182] 孙早，席建成．中国式产业政策的实施效果：产业升级还是短期经济增长［J］．中国工业经济，2015（7）.

[183] 谭俊涛，张平宇，李静．资源型城市经济转型的路径创造——以辽源市为例［J］．资源与产业，2018（3）.

[184] 谭鑫．邢台市经济转型的接替产业选择研究［D］．石家庄：河北经贸大学，2016.

[185] 檀春耕．美国中西部城市的衰退治理［J］．贵州师范大学学报（社会科学版），2004（4）.

[186] 唐俊．浙江出口战略转型升级及对拉美市场的开拓——基于产品空间的视角［J］．对外经贸，2015（6）.

[187] 唐晓华，孙元君．环境规制对区域经济增长的影响——基于产业结构合理化及高级化双重视角［J］．首都经济贸易大学学报，2019（3）.

[188] 滕飞，黄征学．寻找产业衰退地区振兴发展的突破口［N］．经

济日报，2019-01-31.

[189] 滕飞．我国产业衰退地区的社会民生支持政策建议［J］．中国经贸导刊，2017（3）.

[190] 田毅鹏．地域衰退的发生及其治理之道——一种发展社会学视域的考察［J］．江海学刊，2017（1）.

[191] 童昕，王缉慈．论全球化背景下的本地创新网络［J］．中国软科学，2000（9）.

[192] 王成金，王伟．中国老工业城市的发展状态评价及衰退机制［J］．自然资源学报，2013（8）.

[193] 王丹．东北老工业基地衰退产业分类研究［J］．商场现代化，2005（30）.

[194] 王德鲁，张米尔．城市衰退产业转型的模式选择［J］．大连理工大学学报（社会科学版），2003（3）.

[195] 王德鲁．城市衰退产业识别方法及转型模式研究［D］．大连：大连理工大学，2004.

[196] 王丁宏．区域失衡与校正——英国区域经济政策实践效果与启示［J］．南方经济，2001（11）.

[197] 王国霞，佟连军，李国平等．东北地区夕阳产业地域划分及其振兴对策研究［J］．地理科学，2003（6）.

[198] 王海兵．产业转型升级的过程、特征与驱动要素——美国经验与启示［J］．河北科技大学学报（社会科学版），2018（1）.

[199] 王缉慈等．创新的空间——企业集群与区域发展［M］．北京：北京大学出版社，2001.

[200] 王俊鸣．“锈带”区重放光彩，美国老工业基地在调整中振兴［N］．科技日报，2003-12-10.

[201] 王磊，伍业君．地区经济复杂度影响经济增长的机理分析——基于中国省级面板数据的实证研究［J］．云南财经大学学报，2012（5）.

[202] 王莉，遇华仁．论我国资源型城市衰退的原因［J］．经济纵横，2005（8）.

[203] 王青云．我国老工业基地城市界定研究［J］．宏观经济研究，2007（5）.

[204] 王雯亚. 我国电子信息产品出口竞争力分析 [D]. 杭州: 浙江工商大学, 2008.

[205] 王旭. 工业城市发展的周期及其阶段性特征——美国中西部与中国东北部比较 [J]. 历史研究, 1997 (6).

[206] 王雪娇, 胡亮, 赵楠. 日本北九州产业转型升级与城市规划建设的协同发展 [J]. 城乡建设, 2016 (7).

[207] 王亚平, 王亚军. 东北老工业基地怎样在调整中加速发展 [J]. 宏观经济管理, 2002 (4).

[208] 王岩. 台湾制造业的衰退与产业升级措施 [J]. 国际经济合作, 1991 (3).

[209] 王彦佳. 中国钢铁行业产业生命周期及钢产量预测 [J]. 预测, 1994 (5).

[210] 王一兵, 王恕立. 论老工业基地的衰退机理与振兴路径 [J]. 社会科学辑刊, 2011 (2).

[211] 王影. 不同产业生命周期状态下的企业专利策略探讨 [J]. 商业时代, 2011 (1).

[212] 王岳平. 东北经济增长缓慢的结构性原因 [J]. 经济纵横, 1999 (11).

[213] 王周杨, 胡晓辉, 马木兰. 演化经济地理的理论基础及其在集群研究中的应用 [J]. 人文地理, 2013 (4).

[214] 王祖继. 强力拓展战略性新兴产业发展空间 [N]. 中国经济导报, 2010-7-15.

[215] 魏后凯. 我国老工业基地振兴过程中存在的问题及政策调整方向 [J]. 经济纵横, 2010 (1).

[216] 魏后凯. 比较优势、竞争优势与区域发展战略 [J]. 福建论坛: 人文社会科学版, 2004 (9).

[217] 魏江, 李拓宇, 赵雨菡. 创新驱动发展的总体格局、现实困境与政策走向 [J]. 中国软科学, 2015 (5).

[218] 文丰安. 生产性服务业集聚、空间溢出与质量型经济增长——基于285个城市的实证研究 [J]. 产业经济研究, 2018 (6).

[219] 邬晓霞, 魏后凯. 国外援助衰退产业区政策措施评介 [J]. 经济

学动态，2009（4）.

［220］吴相利．论城市的衰退与复兴［J］．绥化学院学报，2000（3）.

［221］伍业君，王磊，桑铁柱．中国地区经济复杂度与经济增长——基于省级面板数据的实证分析［J］．当代财经，2013（6）.

［222］伍业君，张其仔，徐娟．产品空间与比较优势演化述评［J］．经济评论，2012（4）.

［223］伍长南．我国利用外资与产业结构调整实证研究［J］．亚太经济，2002（1）.

［224］夏锦文，章仁俊，白秀艳．DEA方法在衰退产业识别中的应用［J］．技术经济与管理研究，2005（3）.

［225］辛超，张平，袁富华．资本与劳动力配置结构效应——中国案例与国际比较［J］．中国工业经济，2015（2）.

［226］徐传谌，杨圣奎．东北老工业基地的制度“解锁”与制度创新——兼评关于老工业基地落后成因争鸣的各家观点［J］．东北亚论坛，2006（2）.

［227］徐建伟，戴俊骋．全球制造业价值链分工模式变化研究［J］．中央财经大学学报，2016（10）.

［228］徐剑光．温州产业区重构：空间、演化与网络［D］．上海：华东师范大学，2014.

［229］徐剑平．温州产业区重构：空间、演化与网络［M］．杭州：浙江大学出版社，2016.

［230］许欣．东北振兴战略演进轨迹及其未来展望［J］．改革，2017（12）.

［231］杨冬民，韦苇．振兴东北老工业基地应走新型工业化道路［J］．生产力研究，2004（12）.

［232］杨继瑞，黄潇，张松．资源型城市转型：重生、困境与路径［J］．经济理论与经济管理，2011（12）.

［233］杨洁，肖金成．完善区域性中心城市功能的基本思路与对策建议［J］．经济研究参考，2002（52）.

［234］杨伟民．我国老工业基地发展迟滞的原因及改造振兴的思路［J］．经济学家，1993（4）.

[235] 杨叙．美国的城市衰退及对策［J］．城市问题，1988（3）．

[236] 杨章贤，张婧，李诚固．东北老工业基地产业结构演进的城市化响应路径研究［J］．东北师大学报（哲学社会科学版），2011（4）．

[237] 杨振凯．老工业基地的衰退机制研究——兼论中国东北老工业基地改造对策［D］．长春：吉林大学，2008．

[238] 姚莉．振兴老工业基地的新思路［J］．宏观经济管理，2014（11）．

[239] 姚莉．转轨时期振兴我国老工业基地的实现路径［J］．湖北社会科学，2012（10）．

[240] 姚晓艳．高新区建设和关中经济带产业转型与空间重组［D］．西安：西北大学，2004．

[241] 易开刚．新常态下传统制造业的转型思路［N］．人民日报，2016-9-7．

[242] 于立，孟韬，李姝．资源枯竭型国有企业退出途径：产业转型问题研究［J］．资源与产业，2004（5）．

[243] 余建辉，李佳洺，张文忠．中国资源型城市识别与综合类型划分［J］．地理学报，2018（4）．

[244] 余中元，李波等．城市衰退的机理与可持续发展实证研究［J］．商业经济研究，2011（4）．

[245] 袁建峰．美国老工业城市匹茨堡产业转型分析及规划思考［J］．国际城市规划，2015（S1）．

[246] 张飞相，陈敬良．国外城市转型的趋势及经验借鉴［J］．企业经济，2011（5）．

[247] 张洪增．论移植型产业成长模式及其缺陷——兼论对我国产业成长模式的借鉴［J］．中共浙江省委党校学报，1999（3）．

[248] 张会恒．论产业生命周期理论［J］．财贸研究，2004（6）．

[249] 张京祥，冯灿芳，陈浩．城市收缩的国际研究与中国本土化探索［J］．国际城市规划，2017（5）．

[250] 张可云．东北老工业基地振兴的难点与重构新思路［J］．中国发展观察，2016（2）．

[251] 张美云．产品空间理论及其对“中等收入陷阱”解释研究新进

展［J］. 区域经济评论，2016（6）.

［252］张美云．亚洲典型国家中等收入阶段产品空间与比较优势演化路径比较［D］. 西安：西北大学，2018.

［253］张米尔，高喆．城市衰退产业识别模型［J］. 经济理论与经济管理，2004（9）.

［254］张平宇，马延吉，刘文新等．振兴东北老工业基地的新型城市化战略［J］. 地理学报，2004（S1）.

［255］张其仔，李颢．产业政策是应遵循还是违背比较优势？［J］. 经济管理，2013（10）.

［256］张其仔，李颢．中国产业升级机会的甄别［J］. 中国工业经济，2013（5）.

［257］张其仔．比较优势的演化与中国产业升级路径的选择［J］. 中国工业经济，2008（9）.

［258］张其仔．中国能否成功地实现雁阵式产业升级［J］. 中国工业经济，2014（6）.

［259］张万强．老工业基地加快建立现代产业体系的路径研究［J］. 中国经贸导刊，2010（11）.

［260］张文忠，王岱，余建辉．资源型城市接续替代产业发展路径与模式研究［J］. 中国科学院院刊，2011（2）.

［261］张文忠，余建辉，王岱．中国资源型城市转型路径和模式研究［J］，城市与区域规划研究，2017（2）.

［262］张延军，张学军．日本的产业调整援助政策及其对我国的启示［J］. 外国经济与管理，1996（1）.

［263］张耀辉，路世昌等．衰退地区经济振兴战略［M］. 北京：中国计划出版社，1999.

［264］赵建吉，王艳华，苗长虹．区域新兴产业形成机理：演化经济地理学的视角［J］. 经济地理，2019（6）.

［265］赵景海．我国资源型城市发展研究进展综述［J］. 城市经济，2006（3）.

［266］赵维良，张璟．辽宁衰退产业识别及退出对策研究［J］. 大连海事大学学报（社会科学版），2015（1）.

[267] 赵云平，司咏梅，张志栋，张捷．把绿色产业打造成为我区经济发展新动能 [J]. 北方经济，2016 (7).

[268] 郑声安．产业生命周期特征与企业战略的关联分析 [J]. 经济论坛，2006 (9).

[269] 郑声安．产业衰退期中企业退出的博弈模型分析 [J]. 天津大学学报，2006 (S1).

[270] 郑新立．产业升级与投资结构调整 [J]. 中国工业经济，1999 (4).

[271] 钟顺昌，任媛．产业专业化、多样化与城市化发展——基于空间计量的实证研究 [J]. 山西财经大学学报，2017 (3).

[272] 周博．铜川市结构调整与产业转型研究 [D]. 西安：西北大学，2009.

[273] 周敏，卫丽娟．城市衰退产业的识别及其分类 [J]. 商业时代，2008 (6).

[274] 周敏，胥卫东，曾勇伟．城市衰退产业转型模式选择 [J]. 商场现代化，2008 (7).

[275] 周敏，杨晓平．煤炭矿区衰退的机理及可持续发展对策研究 [J]. 中国科技信息，2009 (4).

[276] 周尚意，王星．制度对工业企业区位选择影响的新古典经济学分析——以北京原料药企业外迁至河北沧州为例 [J]. 经济地理，2017 (4).

[277] 周新生．产业衰退及退出产业援助机制 [J]. 产业经济研究，2003 (5).

[278] 周新生．产业兴衰论 [M]. 西安：西北大学出版社，2000.

[279] 朱华晟．匹兹堡地区的产业重构 [J]. 城市问题，2011 (5).

[280] 朱慧明，韩玉启．产业结构与经济增长关系的实证分析 [J]. 运筹与管理，2003 (2).

[281] 卓贤．大城市转型发展的误区规避：经济下滑与产业断层 [J]. 改革，2013 (6).

[282] Alan Di Gaetano, Paul Lawless. Urban governance and industrial decline: Governing Structures and Policy agendas in Birmingham and Sheffield, England, and Detroit, Michigan, 1980 - 1997 [J]. Urban Affairs Review,

1999, 34 (4): 546 – 577.

[283] Alessia Lo Turco, Daniela Maggioni. On firms' product space evolution: the role of firm and local product relatedness [J]. Journal of Economic Geography, 2016 (5): 975 – 1006.

[284] Arthur W B. Competing technologies, increasing returns and lock-in by historical events [J]. Economic Journal, 1989, 99 (3): 116 – 131.

[285] Balassa B. Comparative Advantage [J]. Trade Policy and Economic Development. Harvester Wheatsheaf.

[286] Bartik T. What should the federal government be doing about urban economic development? Upjohn Institute working paper no. 94 – 25. W. E. Upjohn Institute for Employment Research, Kalamazoo, MI, USA, 1994.

[287] Bayudan – Dacuycuy C, 2012. The Philippine export portfolio in the product space: Potentials, possibilities and policy challenges [J]. Economics Bulletin, 1987, 32 (1): 59 – 66.

[288] Boschma R, Frenken K. Technological relatedness and regional branching//Bathelt H, Feldman M P, Kogler D F. Beyond territory, dynamic geographies of knowledge creation, diffusion and innovation [M]. London: Routledge, 2011.

[289] Boschma R, Iammarino S. Related variety, trade linkages, and regional growth in Italy [J]. Economic Geography, 2009, 85 (3): 289 – 311.

[290] Boschma R, Martin R. Constructing an evolutionary economic geography [J]. Journal of Economic Geography, 2007, 7 (5): 537 – 548.

[291] Boschma R, Minondo A, Navarro M. Related variety and regional growth in Spain [J]. Papers in Regional Science, 2012 (91): 241 – 57.

[292] Boschma R, Minondo A, Navarro M. The emergence of new industries at the regional level in Spain: A proximity approach based on product relatedness [J]. Economic Geography, 2013, 89 (1): 29 – 51.

[293] Boschma R, Wenting R. The spatial evolution of the British automobile industry: Does location matter? [J]. Industrial And Corporate Change, 2007, 16 (2): 213 – 238.

[294] Bradbury K L, Downs A, SMALL K A. Urban Decline and the Fu-

ture of American Cities [M]. Washington: Brookings Institution Press, 1982.

[295] Broadway M J, Jesty G. Are Canadian cities becoming more dissimilar? An analysis of urban deprivation indicators [J]. Urban Studies, 1998, 35 (9): 1423 - 1438.

[296] Burns L S, Ness K V. The decline of the metropolitan economy [J]. Urban Studies, 1981 (18): 169 - 180.

[297] Heim C E. Dimensions of decline: Industrial regions in the United States and Europe, 1970 - 1990 [J]. International Regional Science Review, 1997, 20 (3): 211 - 238.

[298] Mason C M. Industrial Decline in Greater Manchester 1966 - 1975: a Components of Change Approach [J]. Urban Studies, 1980 (17): 173 - 184.

[299] Commission of the European Communities. The Regions in the 1990s: Fourth periodic report on the social and economic situation and development of the regions of the community. Luxembourg: Office for Official Publications of the European Communities, 1991.

[300] Connie B D, Joseph A Y L. Export Sophistication, Export Led Growth and Product Space: Evidence from Selected Asian Economies [J]. Journal of Asian and African Studies, 2017, 52 (1): 3 - 20.

[301] Connie Bayudan - Dacuycuy, Joseph Anthony Y Lim. Export Sophistication, ExportLed Growth and Product Space: Evidence from Selected Asian Economies [J]. Journal of Asian and African Studies, 2017, 52 (1): 3 - 20.

[302] Daron Acemoglu, Fabrizio Zilibotti, Philippe Aghion. Distance to Frontier, Selection, and Economic Growth [J]. Journal of the European Economic Association, 2006, 4 (1): 37 - 74.

[303] David P A. Clio and the economics of QWERTY [J]. American economic review, 1985, 75 (2): 332 - 337.

[304] Denison E F. Why growth rates differ: postwar experience in nine western countries [R]. Washington D C: Brookings Institution, 1967.

[305] Dennis R. The decline of manufacturing employment in Greater London [J]. Urban Studies, 1978 (15): 63 - 73.

[306] Desimini J. From Planned Shrinkage to Formerly Urban Staking Land-

scape Architecture's Claim in the Shrinking City Debate [J]. Landscape Journal, 2014, 33 (1): 17 -35.

[307] Dominik Hartmann, Miguel R. Guevara, Cristian Jara - Figueroa, Manuel Aristarán, César A. Hidalgo. Linking Economic Complexity, Institutions, and Income Inequality [J]. World Development, 2017: 75 -93.

[308] Dunford M. Geographies of Growth, Decline and Restructuring [J]. European Urban & Regional Studies, 2007, 14 (1): 27 -53.

[309] Essletzbichler J. Relatedness, industrial branching and technological cohesion in US metropolitan areas [J]. Regional Studies, 2015, 49 (5): 752 - 766.

[310] Evans P. For whom the bell tolls: ecological perspectives on industrial decline and resurgence [J]. Industrial & Corporate Change, 2012, 13 (1): 61 -89.

[311] Fagerberg J. Technological progress, structural change and productivity growth: a comparative study [J]. Structural Change and Economic Dynamics, 2000, 11 (4): 393 -411.

[312] Felipe J et al. Product Complexity and Economic Development [J]. Structural Change & Economic Dynamics, 2012, 23 (1): 36 -68.

[313] Felipe J, Abdon A, Kumar U. Tracking the Middle-income Trap: What Is It, Who Is in It, and Why [J]. Ssrn Electronic Journal, 2012 (48).

[314] Fernando G A. The decline of the industrial district of Como: recession, relocation or reconversion? [J]. Entrepreneurship and Regional Development, 2006, 18 (6): 473 -501.

[315] Fielding A. Industrial change and regional development in Western Europe [J]. Urban Studies, 1994 (5): 679 -704.

[316] Findlay R. Factor Proportions and Comparative Advantage in the Long Run [J]. Journal of Political Economy, 1970 (1): 829 -833.

[317] Forbes D P, Kirsch D A. The study of emerging industries: Recognizing and responding to some central problems [J]. Journal of Business Venturing, 2011, 26 (5): 589 -602.

[318] Freedman C, Blair A. Seeds of Destruction: The Decline and Fall of

the US Car Industry [J]. The Economic and Labour Relations Review, 2010, 21 (1): 105 - 126.

[319] Freiling J. The broken product chain: rapid paths of service internationalization in terms of the service-dominant logic [J]. Service Industries Journal, 2016, 32 (10): 1623 - 1635.

[320] Frenken K, Vanoort F, Verburg T. Relate Variety, unrelated variety and regional economic growth [J]. Regional Studies, 2007, 41 (5): 685 - 697.

[321] Friedrichs J. A Theory of Urban Decline: Economy, Demography and Political Elites [J]. Urban Studies, 1993, 30 (6): 907 - 917.

[322] Gereffi G. International trade and industrial upgrading in the apparel commodity chain [J]. Journal of International Economics, 1999, 48 (1): 37 - 70.

[323] Gerhard Reinecke. Upgrading or Decline? Globalization, Retail Structure, and Labour in the Chilean Textile and Clothing Industry [J]. Competition and Change, 2010, 14 (1): 23 - 47.

[324] Gillespie A E, Goddard J B. Old industrial Areas in Europe: problems, prospects and policies for economic regeneration. In Aree Metropolotane di Antica Industrialization, a cura di Francesca Carati. Milano: Cooperativa libraria universitaria del politcnic, 1988.

[325] Glaeser E L. Reinventing Boston: 1630 - 2003 [J]. Journal of Economic Geography, 2005 (5): 119 - 153.

[326] Glasmeier A. Flexible regions? The institutional and cultural limits to districts in an era of globalisation and technological paradigm shifts, in Amin, A. and Thrift, N. (eds), Globalisation, Institutions and Regional Development in Europe (Oxford: Oxford University Press), 1994: 118 - 146.

[327] Gort M, Klepper S. Time Paths in the Diffusion of Product Innovations [J]. Economic Journal, 1992: 630 - 653.

[328] Grabher G, 1993. The weakness of strong ties: the lock-in of regional development in the Ruhr area, in Grabher, G. (ed.), The Embedded Firm: On the Socioeconomics of Industrial Networks (London: Routledge), 1982:

255 -277.

[329] Grabher G. The weakness of strong ties: the lock-in of regional development in the Ruhr area, in The Embedded Firm: On the Socioeconomics of Industrial Networks [M]. London: Routledge, 1993: 255 -277.

[330] Grossman G M. Helpman E. Innovation and growth in the global economy [M]. Cambridge, USA: MIT Press, 1991.

[331] Harrison B. Lean and Mean: The Changing Landscape of Corporate Power in the Age of Flexibility [M]. New York: Basic Books, 1994.

[332] Hassink R, Hu X H, Shin D H, et al. The restructuring of old industrial areas in East Asia, Area Development and Policy, 2018 (3): 2, 185 -202.

[333] Hassink R. How to unlock regional economics from path dependency? From learning region to learning cluster [J]. European Planning Studies, 2005 (13): 521 -535.

[334] Hausmann R, Klinger B. The Evolution of Comparative Advantage: The Impact of the Structure of the Product Space [J]. CID Working Paper No. 106, 2006.

[335] Hausmann R, Hwang J, Rodrik D. What Your Export Matters [J]. Journal of Economic Growth, 2007, 12 (1): 1 -25.

[336] Hausmann R, Klinger B. Structural transformation and patterns of comparative advantage in the product space [R]. CID Working Paper, 2006.

[337] Hausmann R, Klinger B. The structure of the product space and the evolution of comparative advantage [R]. CID Working Paper, 2007.

[338] Hausmann R. Economic Development and the Accumulation of Know-how [J]. Welsh Economic Review 24 Spring, 2016.

[339] He C F, Yan Y, RIGBY D. Regional industrial evolution in China [J]. Papers in Regional Science, 2016.

[340] Heimeriks, G, Boschma, R. The path-and place-dependent nature of scientific knowledge production in biotech 1986 -2008. Journal of Economic Geography, 2014 (14): 340 -364.

[341] Hein Schreuder, Patrick Van Cayseele, Patrick Jaspers, Bert De

Graaff, Successful Bear-Fighting Strategies [J]. Strategic Management Journal, 1991 (7): 523 -533.

[342] Helpman E. Comparative Advantage and Long-Run Growth [J]. American Economic Review, 1990, 106 (2).

[343] Hidalgo C A, Hausmann R. The building blocks of economic complexity [C]. Proceedings of the National Academy of Sciences of the United States of America, 2009, 106 (26): 10570 -10575.

[344] Hidalgo C A, Klinger B, BArabasi A L et al. The product space conditions the development of nations [J]. Science, 2007, 317 (5837): 482 - 487.

[345] Hollander J. Polluted and dangerous: America's worst abandoned properties and what can be done about them [M]. Burlington, VT: University of Vermont Press, 2009.

[346] Humphrey J, Schmitz H. Governace and upgrading: linking industrial cluster and global value chains research [R]. IDS Working Paper, Institute of Development Studies, University of Sussex, 2000.

[347] Humphrey J, Schmitz H. How does insertion in global value chains affect upgrading in industrial cluster? [J]. Rregional Studies, 2002, 9 (36).

[348] Jacobs J. The Economy of Cities [M]. New York: Vintag, 1996.

[349] Jacobs B. Fractured cities: Capitalism, community and empowerment in Britain and America [D]. London: Routledge Kegan Paul, 1992.

[350] Jankowsk A A, Nagengast A, Perea J R, et al. The product space and the middle-income trap: Comparing Asian and Latin American experiences [R]. OECD Development Centre Working Papers No. 311. Paris, France: OECD Publishing, 2012.

[351] Jasper Beekmans, Huub Ploegmakers, Karel Martens, Erwin van der Krabben. Countering decline of industrial sites: Do local economic development policies target the neediest places? [J]. Urban Studies 2016, 53 (14) 3027 -3047.

[352] Jiang B, Yang C, Yamada T. A Brownian Agent Model for Analyzing Changes in a Nation's Product Space Structure [J]. International Journal of Intelli-

gent Information Technologies, 2015, 11 (1), 52 – 71.

[353] Kaplinsky R. Globalization and equalization: what can be learned from value chain analysis? [J]. The Journal of Development Studies, 2000, 37 (2): 117 – 146.

[354] Klepper S, Graddy E. The evolution of new industries and the determinants of market structure [J]. Journal of Economics, 1990, 21 (1): 27 – 44.

[355] Lang T. Insights in the British debate about urban decline and urban regeneration [J]. Working paper. Leibniz-Institute for Regional Development and Structural Planning, Erkner, Germany, 2005.

[356] Louw E, Needham B, Olden H, et al. Planning van Bedrijventerreinen [M]. Den Haag: Sdu Uitgevers, 2009.

[357] Lucas R E. Making a miracle [J]. Econometrica, 1993, 61 (2): 251 – 272.

[358] Maddison A. Growth and slowdown in advanced capitalist economies: techniques of quantitative assessment [J]. Journal of Economic Literature, 1987, 25 (2): 649 – 698.

[359] Mah A. Industrial decline, regional policy and the urban-rural manufacturing shift in the United Kingdom [J]. Environment & Planning A, 2009, 12 (8): 945 – 962.

[360] Martin R, Sunley P. Path dependence and regional economic evolution [J]. Journal of Economic Geography, 2006, 6 (4): 395 – 437.

[361] Martin R. Rethinking regional path dependence: Beyond lock-into evolution [J]. Economic Geography, 2010 (86): 1 – 27.

[362] Maskell P, Malmberg A. Myopia, knowledge development and cluster evolution [J]. Journal of Economic Geography, 2007, 7 (7): 603 – 618.

[363] Merrill L. Japanese Refixable Convertibles, Global Securities Research & Economics Group / Global Convertibles Research, 1999.

[364] Muendler M A. Export or merge? Proximity vs. concentration in product space [J]. Asia – Pacifc Journal of Accounting & Economics, 2014, 21 (1): 35 – 57.

[365] Neffke F, Henning M, Boschma R et al. The dynamics of agglomeration externalities along the life cycle of industries [J]. Regional Studies, 2011, 45 (1): 49 -65.

[366] Neffke F, Henning M, Boschma R. How do regions diversify over time? Industry relatedness and the development of new growth paths in regions [J]. Economic Geography, 2011 (87): 237 -265.

[367] Neffke F, Henning M. Revealed relatedness: mapping industry space, Papers in Evolutionary Economic Geography (PEEG) 0819. Utrecht University, Section of Economic Geography, 2008.

[368] Nelson R R, Pack H. The Asian miracle and modern growth theory [J]. Social Science Electronic Publishing, 1998, 109 (457): 416 -436.

[369] Nelson R R, Winter S G. An evolutionary theory of economic change [M]. Cambridge, London: The Belknap Press, 1982.

[370] Oddy R N. The illusion of Depth in Stained Glass: Exposed to the light [J]. Financial Markets of Eastern Europe, 2011, 21 (12): 11, 36 -48.

[371] Passaro R. Le strategie competitive delle piccole imprese di una area interna del Mezzogiorno: il caso del settore conciario a Solofra [J]. Piccola Impresa/Small Business, 1994 (7): 85 -112.

[372] Penede R M. Structural change and aggregate growth [Z]. Vienna: Austrian Institute of Economic Research, WIFO Working Paper, 2002.

[373] Peter Gripaios. Industrial Decline in London : An Examination of its Causes [J]. Urban Studies, 1977 (14): 181 -189.

[374] Peters A, Fisher P. The failures of economic development incentives [J]. Journal of the American Planning Association, 2004, 70 (1): 27 -38.

[375] Poon S C. Beyond the global production networks: a case of further upgrading of Taiwan's information technology industry [J]. International Journal of Technology and Globalization, 2004, 1 (1): 130 -144.

[376] Porter M E. The competitive advantage of regions [J]. Regional Studies, 2003, 37 (6/7): 549 -578.

[377] Porter M E. The economic performance of regions. Regional Studies, 2003 (37): 549 -578.

[378] Quigley J. Urban diversity and economic growth [J]. Journal of Economic Perspectives, 1998, 12 (2): 127 – 138.

[379] Rabellotti R. The effect of globalization on industrial districts in Italy: the case of Brenta, IDS Working Paper. Brighton: Institute of Development Studies, University of Sussex, 2001.

[380] Zammuto R F. Managing decline: lessons from the U. S. Auto Industry [J]. Administration & Society, 1985, 17 (1): 71 – 95.

[381] Redding S. Dynamic Comparative Advantages and the Welfare Effects of Trade [J]. Oxford Economic Papers, 1999 (51): 15 – 39.

[382] Ree S. Technological change and regional shift in American manufacturing [J]. Professional Geographer, 1979, 31 (1): 45 – 54.

[383] Richard Harris, John Moffat. The decline of British manufacturing, 1973 – 2012: The role of total factor productivity [J]. National Institute Economic Review, 2019 (247): 19 – 31.

[384] Rodrik D. Premature deindustrialization [J]. Journal of Economic Growth, 2016 (1): 1 – 33.

[385] Ruef M. A structural event approach to the analysis of group composition [J]. Social Networks, 2004, 24 (2): 135 – 160.

[386] Salter W E G. Productivity and technical change [M]. Cambridge, UK: Cambridge University Press, 1960.

[387] Schumpeter J A. Business cycles [M]. New York, NY: McGraw – Hill, 1939.

[388] Sepp J, Varblane U. The decomposition of productivity gap between Estonia and Korea [Z]. Discourses in Social Market Economy, 2014.

[389] Shen H Y, Teng F, Song J P. Evaluation of Spatial Balance of China's Regional Development [J]. Sustainability, 2018 (10): 3314.

[390] Simmons C. C. 'De-industrialization', industrialization and the Indian economy C. 1850 – C. 1947. Modern Asian Studies, 1985, 19 (4), 593 – 672.

[391] Singh L. Technological progress, structural change and productivity growth in the manufacturing sector of South Korea [J]. World Review of Science

Technology and Sustainable Development, 2004, 1 (1): 37 -49 (13).

[392] Sridhar K. S. Benefits and costs of regional development: Evidence from Ohio's enterprise zone program [J]. Journal of Regional Analysis and Policy, 2001, 31 (2): 1 -32.

[393] Steiner M. Instutional change in old industrial areas-lessons for industrial policy in the transformation process, Joanneum Research Institute Technology and Regional policy, 2002 (3): 109 -111.

[394] Steven Klepper. Disagreements, spinoffs, and the evolution of Detroit as the capital of the U. S. Automobile Industry [J]. Management Science, 2007, 53 (4): 616 -631.

[395] Strambach S. Path dependency and path plasticity: The co-evolution of institutions and innovation—the German customized business software industry, In Handbook of Evolutionary Economic Geography, ed. R. A. Boschma and R. Martin. 406 -31. Cheltenham, U. K.: Edward Elgar, 2010.

[396] Sturm. Multi-level Polities of regional development in Germany [J]. European Planning Studies, 1998, 6 (5).

[397] Timmer M P, Szirmai A. Productivity growth in Asian manufacturing: the structural bonus hypothesis examined [J]. Structural Change and Economic Dynamics, 2000, 11 (4): 371 -392.

[398] Turco A L, Maggioni D. On firms' product space evolution: the role of firm and local product relatedness [J]. Journal of Economic Geography, 2016 (16): 975 -1006.

[399] Turok I. Property-led urban regeneration: Panacea or placebo? [J]. Environment and Planning A, 1992, 24 (3): 361 -379.

[400] Utterback J M, Abernathy W J. A dynamic model of product and process innovation. Omega, 1975, 3 (6): 639 -656.

[401] Vernon R. International investment and international trade in the product cycle [J]. Quarterly Journal of Economics, 1966, 80 (2): 190 -207.

[402] Vijay K S. Debate on De-industrialization Revisited: The Process of Decline of Traditional Flexible Manufacturing [J]. Global Business Review, 2014, 15 (3): 597 -610.

[403] Boschma R A, Lambooy J G. Evolutionary economics and economic geography [J]. Journal of Evolutional Economics, 1999 (9): 411 -429.

[404] Wabe J. S. The regional impact of de-industrialization in the European Community [J]. Regional Studies, 1986 (20): 27 -36.

[405] Wassmer R W, Anderson J. E. Bidding for business: New evidence on the effect of locally offered economic development incentives in a metropolitan area [J]. Economic Development Quarterly, 2001, 15 (2): 132 -148.

[406] Wiechmann T. Errors expected-aligning urban strategy with demographic uncertainty in shrinking cities [J]. International Planning Studies, 2008, 13 (4): 431 -446.

[407] Wiechmann Thorsten, Pallagst Karina M. Urban shrinkage in Germany and the USA: a comparison of transformation patterns and local strategies. [J]. International journal of urban and regional research, 2012, 36 (2): 261 -80.

[408] Zehava Rosenblatt, Bilha Mannheim. Organizational Response to Decline in the Israeli Electronics Industry [J]. Organization Studies, 1996, 17 (6): 953 -984.

[409] Zimmer K. The old industrial region paradigm revisited, Region Studies Association International Conference "Reinventing Regions In a Global Economy", April 12, 2003: 23 -25.